VITAL

VITAL

발행일	2025년 7월 29일
지은이	구자봉, 유상희, 이현주, 한귀성, 한정진
펴낸이	손형국
펴낸곳	(주)북랩
편집인	선일영
편집	김현아, 배진용, 김다빈, 김부경
디자인	이현수, 김민하, 임진형, 안유경, 한수희
제작	박기성, 구성우, 이창영, 배상진
마케팅	김회란, 박진관
출판등록	2004. 12. 1(제2012-000051호)
주소	서울특별시 금천구 가산디지털 1로 168, 우림라이온스밸리 B동 B111호, B113~115호
홈페이지	www.book.co.kr
전화번호	(02)2026-5777
팩스	(02)3159-9637
ISBN	979-11-7224-732-4 03190 (종이책) 979-11-7224-733-1 05190 (전자책)

잘못된 책은 구입한 곳에서 교환해드립니다.
이 책은 저작권법에 따라 보호받는 저작물이므로 무단 전재와 복제를 금합니다.
이 책은 (주)북랩이 보유한 리코 장비로 인쇄되었습니다.

(주)북랩 성공출판의 파트너

북랩 홈페이지와 패밀리 사이트에서 다양한 출판 솔루션을 만나 보세요!

홈페이지 book.co.kr • 블로그 blog.naver.com/essaybook • 출판문의 text@book.co.kr

작가 연락처 문의 ▶ ask.book.co.kr

작가 연락처는 개인정보이므로 북랩에서 알려드릴 수 없습니다.

AI 시대 자기 계발 프레임워크의 끝판왕

VITAL

구자봉, 유상희, 이현주, 한귀성, 한정진 지음

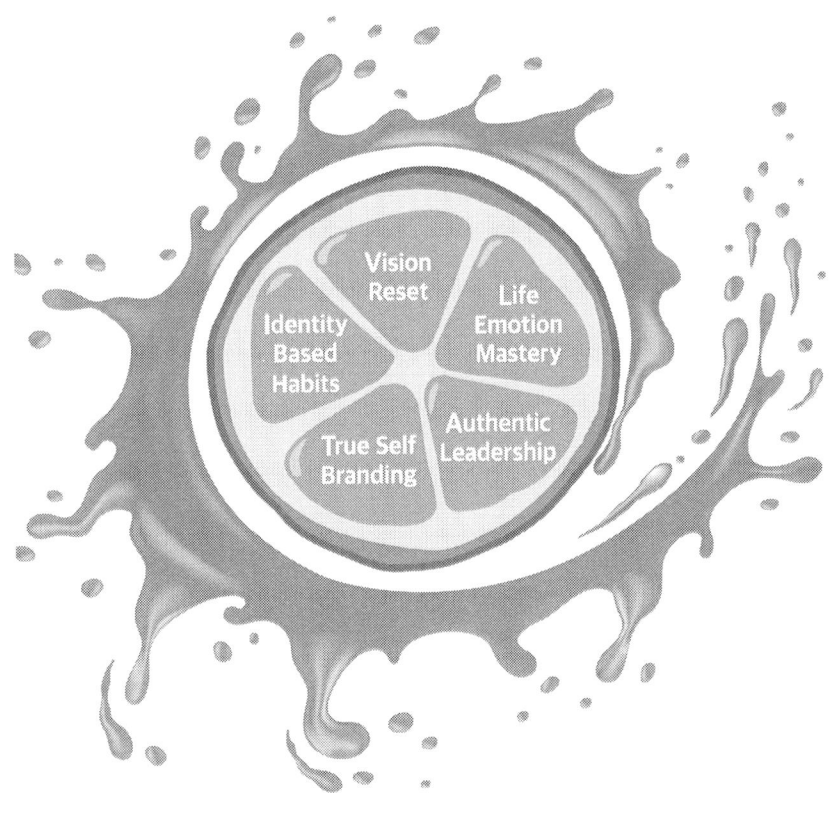

북랩

프롤로그

"끝까지 살아남고, 끝내 성장하는 사람은 누구인가?"
"지금, 우리는 '일'보다 '존재'를 묻는 시대에 살고 있다."
세상이 변했다. 너무 빨리, 너무 거세게, 너무 예상 밖으로.
ChatGPT, 생성형 AI, 메타버스, 디지털 휴먼….
우리가 미처 숨을 고르기도 전에 '일의 정의'가 바뀌고, '배움의 방식'이 무너지고, '사람의 가치'가 흔들리고 있다.

한때 우리는 '일을 잘하는 사람'이 곧 인정받고 살아남는 시대에 있었다. 하지만 지금은 그 기준 자체가 무너졌다.
지금, 세상은 사람에게 묻는다. "너는 도대체 어떤 존재냐?" "기술이 대신할 수 없는 너만의 본질은 무엇이냐?"
어떤 도구를 얼마나 잘 쓰느냐보다, "그 도구를 통해 나는 무엇을 할 수 있는 사람인가?"라는 질문이 더 중요해진 시대.
'나답게' 살기 위한 싸움이 '살아남기' 위한 싸움이 되어버린 지금, 우리는 선택해야 한다. 흔들릴 것인가, 단단해질 것인가.

우리는 잘 알고 있다. 지금의 독자들이 원하는 건 단순한 동기부여가 아니라 '현실적인 자기 성장의 설계도'다. 누군가의 성공담이 아니라, 나의 삶에 맞는 실천 가능한 루틴과 전략이다.

그래서 이 책은, 심리적 위기부터 실전 루틴까지 전 영역에 걸친 자기 계발의 끝판왕 가이드를 제시한다.
제1장에서는 시대의 흐름을 통찰한다.
제2장에서는 두려움을 다루는 심리적 무장을 한다.
제3장에서는 습관과 AI 활용을 연결하는 실천을 만든다.
제4장에서는 개인 브랜드를 통해 자신을 말하는 법을 배운다.
제5장에서는 팀과 조직 안에서의 리더십과 성과의 지도를 탐색한다.
제6장에서는 흔들리는 마음을 지키는 감정 관리법과 행복의 원리를 찾는다.
제7장에서는 그 모든 것을 이어 삶 전체에 적용하는 나만의 로드맵을 구축한다.

이 흐름의 중심에는, 우리가 개발한 자기 계발 프레임워크 'VITAL' 모델이 있다. 변화 속에서도 나를 단단하게 하는 중심축이며, '지금의 나'를 넘어 '다음 나'를 향해 가는 자기 변화의 가이드이다. 속도가 아닌 방향, 정보가 아닌 정체성을 되찾게 해주는 자기 성장 프레임이다.

약자	정의	의미
V	Vision Reset	내 삶의 방향과 관점을 재정의하는 힘 (1장, 7장)
I	Identity based Habits	AI 시대, 나다운 일상을 만드는 자기 습관 설계 (2~3장)
T	True Self Branding	본질에서 나오는 퍼스널 브랜딩과 정체성 표현 (4장)
A	Authentic Leadership	사람 중심의 연결과 신뢰의 리더십 구축 (5장)
L	Life Emotion Mastery	흔들리지 않는 감정 관리와 회복탄력성 (6장)

이 책은 AI에 대한 책이 아니다. 기술을 넘어, '지금 여기, 당신'에 관한 책이다.

- 무엇이 당신을 불안하게 만드는가?
- 그 불안은 기술 때문인가, 아니면 나 스스로에 대한 불신 때문인가?
- 지금의 나를 잃지 않고, 오히려 더 강해질 수 있는 방법은 무엇인가?

이 질문들에 대해 **현실적이고도 따뜻한 대답**을 드리고 싶었다.

이 책은 리더십, 코칭, 퍼실리테이션, 조직개발 등 다양한 분야에서 오랜 실천과 전문성을 쌓아온 5명의 동갑내기 전문가들이 깊은 우정과 공동의 사명감 속에서 함께 만든 결과물이다.

우리의 이름은 **크레센토랩**(Crescento Lab). 변화의 끝에서 **사람의 가능성을 믿는 실천적 연구소**다. 이 책은 그 여정의 첫 번째 결실이다.

당신 안에는 이미 살아 있는 생명력, VITAL이 존재한다. 우리가 해야 할 일은, 그 생명력을 꺼내어 흔들리는 시대 속에서도 중심을 잃지 않고 '지금의 나'를 넘어 '다음 나'를 향해 움직이는 것이다.

이 책은 당신 안의 VITAL을 다시 작동시키는 여정의 첫걸음이다. 이제, 생명력을 다시 켜고 앞으로 나아가자!

2025년 7월
구자봉, 유상희, 이현주, 한귀성, 한정진

Contents

프롤로그 / 5

제1장 AI 시대, 무엇이 달라졌나?
- AI 시대의 흐름 속에 나를 연결하는 법

1. 폭풍처럼 온 ChatGPT와 AI 혁신 / 14
2. 폭풍 같은 반응을 일으킨 ChatGPT의 파급력 / 20
3. ChatGPT 활용도 체크 / 24
4. AI가 바꾸는 삶과 커리어 / 28
5. 새로운 시대, 새로운 역량 / 36

제2장 두려움을 깨부수는 끝판왕 마인드
- 변화의 두려움을 삶의 동력으로 만들어라

1. 기술 혁신이 빠를수록, 결국 사람이 빛난다 / 42
2. AI 시대, 우리는 무엇이 두려운가? / 44
3. 당신의 두려움은, 곧 당신의 잠재력이다 / 49
4. 불안을 에너지로 만드는 법 / 52
5. 끝판왕은 결국 '나'를 가장 잘 다루는 사람 / 56

제3장 초간단 습관, ChatGPT로 10배 성장하기
- 작은 습관이 운명을 바꾸는 시스템이 된다

1. AI 시대, 왜 지금 습관이 더 중요해졌는가? / 64
2. 습관은 '루틴'이라는 시스템으로 작동한다 / 67
3. 하루 5분의 루틴이 만드는 초격차 성장 / 73
4. 변화는 멀리 있지 않다, 오늘 1% 실천부터 / 75
5. 습관을 '보이는 증거'로 만드는 법 / 80
6. 나만의 AI 습관 시스템 설계하기 / 86

제4장 자신의 브랜드를 업그레이드하라
- AI 시대, 당신의 브랜드 경쟁력은 무엇일까?

1. 당신의 이름, 가장 강력한 브랜드가 되다 / 90
2. AI 시대, 무엇이 당신을 특별하게 만드는가 / 94
3. 브랜드를 설계하는 네 가지 프레임 / 97
4. 퍼스널 브랜딩의 리얼 여정 / 103
5. 퍼스널 브랜딩, 이렇게 시작하자 / 107

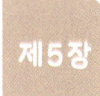

제5장 리더십과 조직 성과, AI 시대의 팀 빌딩
- AI 시대, 리더는 어떻게 달라져야 할까

1. AI 시대, 팀과 리더십은 어떻게 달라지는가 / 112
2. 탁월한 조직을 만드는 세 가지 토대 / 118
3. 실행 프레임워크 - OKR, 애자일, 퍼포먼스 매니지먼트 / 126
4. L사 김○○ 리더의 변화 사례 - 도전과 성장을 일으키는 '일하는 방식' 전환 / 135
5. AI 시대 리더의 필수 역량 - 도전과 성장을 이끄는 '사람 중심' 리더십 / 141
6. 함께 미래로 나아가기 - 협업과 리더십이 만드는 '끝판왕 조직' / 145
7. AI 시대 리더십이 열어갈 새로운 가능성 / 147

제6장 AI 시대에도 흔들리지 않는 삶
- AI 시대의 흐름 속에서 나를 지키는 법

1. 번아웃, 딜레마, 스트레스를 부르는 환경과 사례 / 152
2. AI 시대, 행복을 찾는 심리학적인 접근 / 158
3. 왜 AI 시대에 '진짜 행복'이 더욱 중요한가? / 165
4. 멈추지 않는 성장 vs. 번아웃 / 168
5. 과도한 경쟁과 자기 계발 사이에서 균형 찾기 / 169
6. '일'뿐 아니라 '삶' 전체를 풍요롭게 만드는 전략 / 171
7. 번아웃을 피하는 구체적 방안 - 시간 관리, 휴식, 마음가짐 / 173
8. AI 시대, '현명한 욕심'을 키우는 법 / 178

제7장 미래 설계와 성과 가속
- AI 시대의 미래 설계 실천과 적용

1. AI는 이제 '같이 일하는 파트너'다 / 184
2. 일·학습·브랜딩·리더십, 어디든 적용 가능한 단기 챌린지 / 187
3. 체감 성과가 빠르게 나타나는 실행 전략 / 189
4. 극도로 압축된 몰입 경험이 인생을 바꾼다 / 192
5. 소진 없이 장기 지속 가능한 성장 구조 / 194

에필로그 / 199

당신 안의 VITAL은 지금 깨어 있는가?
흔들리는 세상 속에서도, 당신만의 생명력을 다시 확인하고 되살리는 순간.

구분	자가 점검 내용	체크
V	나는 지금의 나를 넘어서는 새로운 비전과 방향을 그리고 있는가?	☐
	AI 시대에도 나의 핵심 가치와 목표를 분명히 설명할 수 있는가?	☐
I	나의 루틴과 습관은 '나답게' 살아가기 위한 기반이 되고 있는가?	☐
	AI 도구를 활용해 나만의 정체성을 강화하는 습관을 실천 중인가?	☐
T	본질에서 나오는 강점과 가치를 명확히 알고, 이를 표현하고 있는가?	☐
	AI 시대에 나만의 브랜드 메시지를 한 문장으로 정의할 수 있는가?	☐
A	진정성 있는 관계를 만들고, 신뢰 기반의 리더십을 발휘하고 있는가?	☐
	변화와 위기 속에서도 함께 성장하도록 이끄는 힘을 갖추고 있는가?	☐
L	예상치 못한 변화나 실패 앞에서도 감정의 균형을 유지할 수 있는가?	☐
	삶 전체에서 '성공'보다 '의미'와 '행복'을 더 중요하게 여기고 있는가?	☐

8개 이상	AI 시대에도 흔들림 없이 전진하는 VITAL형 성장가입니다.
5~7개	기본은 갖추었으나, 루틴과 내면을 더 다질 필요가 있습니다.
4개 이하	지금이야말로 VITAL을 켜고, 나만의 생명력을 회복할 시점입니다.

제1장

AI 시대, 무엇이 달라졌나?

- AI 시대의 흐름 속에 나를 연결하는 법

당신의 삶은 기회를 통해 더 나아지는 것이 아니라,
변화를 통해 더 나아지게 될 것이다.
- Jim Rohn

1

폭풍처럼 온
ChatGPT와 AI 혁신

"이게 정말 기계가 할 수 있는 일이 맞아?"

2022년 말, 전 세계가 동시에 받은 충격이었다. 마치 폭풍처럼 등장한 ChatGPT는 수많은 사람들의 상식과 예상을 뒤엎어버렸다. 시나리오를 쓰고, 코드를 짜고, 논문을 요약하고, 이메일을 대신 작성해주는 이 놀라운 인공지능 챗봇이 1주일 만에 천만 명이 넘는 유저를 끌어모았다는 소식은, 그 자체로 AI 혁신이 어느 수준까지 왔는지를 드러냈다.

폭풍처럼 우리에게 다가온 변화를 받아들이는 2가지 타입의 사람들을 살펴볼 수 있다.

- **피하는 사람**: 'AI가 내 일자리를 빼앗으면 어떡하지?'라는 두려움에만 빠져, 달라지는 환경에 적응하지 못한다. '어렵다, 모르겠다' 하며 손 놓고 있다가 경쟁에서 밀릴 수 있다.

- **흐름을 타는 사람:** '이런 도구가 있으니, 내가 하던 일은 더욱 효율화하고, 새로운 영역에 도전해볼까?' 하며 발상을 전환한다. 오히려 AI를 적극 활용해 자기 역량과 결과물을 폭발적으로 끌어올린다.

여러분은 어떤 모습으로 이 변화를 받아들이고 있는가?

여기서 가장 중요한 질문은, '결국, 나는 어떻게 대응하고 성장해야 하는가?'이다.

AI가 몰고 온 폭풍은 우리 삶 곳곳을 뒤흔들 수 있지만, 이 폭풍을 '타는 사람'과 '피하는 사람'의 차이는 명확해질 것이다.

ChatGPT 이전과 이후, 무엇이 달라졌나?

바둑판을 뒤흔들었던 알파고와 이세돌의 경기가 이슈가 되었다. 과거에도 인공지능이라는 개념은 있었으나 바둑은 오랜 시간 인간의 영역이었다. 이세돌 9단은 전날 기자회견에서 "인간은 인간이기 때문에 실수를 한다. 인간적인 실수가 나오면 내가 질 수도 있겠다"라고 말했고, 이 예상은 현실이 됐다. 알파고(AlphaGo)는 이세돌 9단과의 대결에서 승리하며 세계 바둑판을 뒤흔들었다. 2016년부터 'AI가 사람을 넘어서는 건 시간문제'라는 담론이 이어졌었다. 그러나 당시만 해도, 대중 대부분의 인식은 '특수한 영역에서나 가능하다'였다.

그런데 ChatGPT가 등장하자 상황이 180도 바뀌었다. 문장을 만들어 내고, 사고를 흉내 내며, 마치 '일반인과 대화하듯' 답변을 뱉어낸다. 기존의 '검색' 개념만으로는 설명하기 어려운, 사람 같은 문맥 인지와 정교한 반응에 전 세계가 놀랐다. 무엇보다, '이제 AI가 정말 내 일상 안으로 들어왔구나!' 하고 체감하게 된 것이 가장 큰 변화다.

ChatGPT와, 한 단계 더 나아가서 생성형 AI를 사용하는 다양한 연령대 사람들의 일상 모습들을 알아보자.

직장인 K 사원

전 아직 사원이라 매일 업무가 너무 부담스럽고 힘들어요. 그래서 아침 업무 보고를 하기 전 ChatGPT로 미리 작성해보고, 문맥과 표현을 다듬고 있어요. 미리 출근해서 적어도 한두 시간 걸리던 작업을 30분으로 단축할 수 있었어요. 회의를 잘 마치고 나면 오늘 해야 할 일들을 정리하고 우선순위를 설정하며 업무 효율을 높이는 데 잘 활용하고 있습니다.

영업사원 P 프로

고객을 만나기 전 고객을 설득하기 위해 최신 뉴스나 벤치마킹 기술 자료를 비롯하여 경쟁사의 제품을 분석하는데, 그때마다 뛰어난 자료를 제공해주고 있어요. 특별한 경우 법률, 정책 관련 문서가 필요하다면 이것도 알려줘요.

외근을 마치고 돌아오면 워낙 업무 시간이 촉박하게 흘러가다 보니 루틴 업무를 할 시간을 내기가 정말 쉽지 않은데요. 고객 응대용 FAQ 자동 생성 기능을 활용해서 비즈니스 이메일이나 문자 메시지 작성하는 시간을 줄이고 있어요.

이처럼 AI는 더 이상 '기술 전문가들의 영역'이 아니다. 일반인도 손쉽게 접근하고, 즉각적인 편의와 생산성 향상을 누리는 시대가 열렸다.

최근 '업무 환경에서의 AI 기술 활용도 관련 조사' 결과(엠브레인 트렌드모니터)가 발표됐다. 현대 직장인들이 ChatGPT에 대해 어떤 인식을 갖고, 업무에 얼마나 활용하고 있는지 등에 관해 살펴보면 아래와 같다.

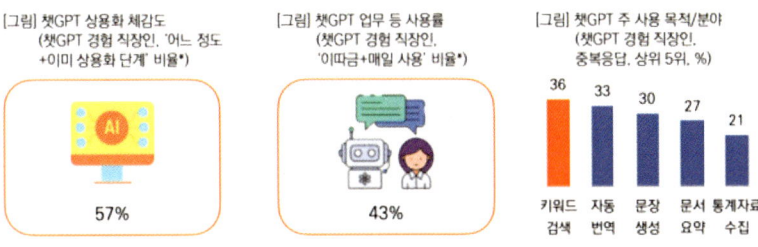

먼저 ChatGPT 상용화 체감도를 물은 결과, 직장인 2명 중 1명 이상인 57%가 '현재 일상에서 ChatGPT가 어느 정도 혹은 이미 상용화된 것 같다'라고 평가했는데, 실제 '업무 등에 이따금 혹은 매일 사용하는 비율'은 43%였다.

평소 ChatGPT를 주로 사용하는 목적 및 분야로는 '키워드 검색', '자동 번역', '문장 생성' 등의 순으로 나타나 아직은 고난이도 업무보다는 단순한 업무에 활용하는 직장인이 많은 것으로 보인다.

ChatGPT를 업무에 활용하는 것에 대한 이점으로 직장인들은 '궁금한 부분이 빠르게 해소됨(53%)'을 가장 높게 꼽았고, 다음으로 '단순·반복 업무 감소함(37%)', '주변인에게 묻지 않고도 업무 처리 가능해짐(31%)' 등의 순으로 응답했다. '주변인 도움 없이 업무 처리 가능함' 비율은 저연령층 대비 50대 연령층에서 상대적으로 높게 평가된 점이 특징적이다(출처: 사례뉴스 http://www.casenews.co.kr).

여러분은 이 변화에 대해 어떤 느낌을 가지고 있는가? 인공지능 자체는 어제오늘의 이야기가 아니다. 딥러닝(Deep Learning), 빅데이터(Big Data), 머신러닝(Machine Learning) 등 수많은 혁신 기술은 2010년대에 이미 태동했다. 하지만 대다수 사람에겐 '아직 멀었다' 혹은 '전문가들만 다루는 영역'으로 여겨졌다. 코로나와 함께 메타버스 시대가 도래할 때 일부는 이러한 변화가 일시적이고, 호들갑스럽게 쫓아갈 필요가 없다고 생각했을지도 모르겠다.

ChatGPT에 대한 부분에 대해서는 일부 뒤처지는 사람들과 이끄는 사람들 사이 갭이 벌어지기 시작했다. 왜 이 변화가 대중들에게는 '폭풍'처럼 느껴지고 있을까? ChatGPT가 '폭풍'으로 불릴 만큼 급격한 반응을 불러일으킨 이유를 알아보자.

2

폭풍 같은 반응을 일으킨 ChatGPT의 파급력

폭풍과 같은 변화는 우리의 삶 속에 늘 있었다. 작은 휴대폰으로 PC를 대신해서 일을 할 수 있게 된다거나, 어플리케이션으로 하루아침에 마음에 드는 물건을 받아본다든가. '폭풍' 같은 반응을 일으킨 ChatGPT의 파급력! 도대체 어떤 이유가 있길래 수많은 변화 속에서 이렇게 이슈가 되는 것인지 알아보자.

① 누구나 사용할 수 있다

누구나 웹 브라우저만 열면 바로 대화 시작 가능하며 복잡한 프로그래밍 지식 없이도 일상어(자연어)로 질문을 던지면 되는 편리함이 있다.

② 다양한 업무에 이를 적용할 수 있다

글쓰기, 번역, 요약, 코딩, 아이디어 브레인스토밍 등 적용 범위가 매우 넓고, 특정 분야가 아니라 전 직군·전 세대에 걸쳐 흥미롭고 실용적인 결과를 만들어낸다.

③ '사람 같은' 대화 경험을 제공한다

과거 봇들은 기계적인 답변을 반복하거나, 질문을 제대로 이해하지 못하면 버벅거렸다. 반면 ChatGPT는 '성의 있게 대화를 이어가는 느낌'을 줌으로써 마음의 장벽을 허물었다. '기술이 성숙 단계에 접어들면, 한순간에 폭발한다'라는 테크 업계의 금언이 다시금 증명되었다. 일반 사용자들도 'AI는 어렵다'라는 선입견을 버리게 되었고, 'AI가 이렇게 편리한 거였어?' 하는 긍정적 충격을 받게 되었다.

④ 문제 해결을 위해 최선의 결과물을 만들어낸다

비단 업무에 적용되는 것뿐만 아니라 개인의 상담, 조언에도 성의 있는 답변을 내놓는다. 퇴근 후 지친 마음으로 대화 나눌 사람이 필요할 때, 긴 장거리 운전으로 지루함을 느낄 때 ChatGPT와 대화하며 고민을 이야기하는 사람들을 많이 볼 수 있다. 그리고 모두 놀라면서 상당히 멋진 조언을 해준다고 말한다. 문제를 해결하기 위한 여러 방향의 질문에 대해 답변을 만들어내며 데이터에 기반하여 조언하는 것은 이를 사용하는 사용자들에게 큰 만족감을 준다.

ChatGPT는 하나의 시작에 불과하며, AI 혁신이 가져올 거대한 파급효과는 더욱더 커지고 있다.

이미 구글, 마이크로소프트, 엔비디아, 오라클 등 글로벌 IT 공룡들이 자사 AI 플랫폼에 대한 대규모 투자를 발표하며 본격 경쟁에 뛰어들었다. 한국 역시 네이버, 카카오 등 대형 IT 기업이 '차세대 AI' 개발을 서두르고 있다. 학계와 산업계에서는 '향후 3~5년이 AI 대격변기'가 될 것으로 전망

한다.

구체적인 예측 시나리오는 다음과 같다.

① 업무 자동화가 광범위하게 이루어질 것이다

회사마다 문서 작성, 고객 응대, 데이터 분석 등의 반복 작업을 AI가 대체하거나 보완하고, 인간은 더 창의적이고 복합적인 가치를 만들어내는 일에 집중한다.

② 새로운 직업군이 탄생할 것이다

'프롬프트 엔지니어(Prompt Engineer)'처럼, AI에게 어떤 질문을 던지고 원하는 결과를 얻어내는 능력을 갖춘 인력이 각광받을 전망이다. AI를 활용한 개인 브랜딩, 크리에이터, 컨설팅 분야도 폭발적으로 늘어날 가능성이 있다.

③ 사회·문화적 변화가 가속화될 것이다

교육 방식, 예술·문화, 심지어 가정생활까지도 AI 기반으로 재편될 것이다. 개인 정보 보호, 윤리적 문제, 저작권 등 새로운 법·제도가 요구된다.

결론적으로, 'AI 혁명'이라고 불러도 과언이 아닐 만큼 전 사회적 변혁이 도래하는 모습이다. 그리고 변혁이 클수록 불안도, 기회도 비례한다는 점을 기억해야 한다.

여러분은 이 변화를 어떤 방향으로 활용할 계획인가?

ChatGPT와 같은 AI 툴이 지금도 확산 중이지만, 우리는 기계가 아닌 '인간만의 강점'에 집중해 심리, 습관, 목표, 브랜딩, 리더십 등을 더 높이 진화시킬 수 있다. 그리고 그때 AI는 우리에게 가장 든든한 파트너가 되어줄 것이다.

③ ChatGPT 활용도 체크

나의 ChatGPT 활용도는 얼마나 될까?
여러분의 삶에서 적용할 수 있는 활용 방안에 체크해보자.

① 일상 업무 생산성 및 일정 관리
☐ 일일·주간 업무 계획 수립
☐ 우선순위 및 마감 기한 설정
☐ 반복적인 업무 자동화
☐ 할 일 목록 및 알림 생성

② 커뮤니케이션 및 문서 작성 지원
☐ 이메일 초안 작성 및 교정
☐ 비즈니스 보고서 및 요약문 작성
☐ 회의 안건 및 회의록 작성
☐ 고객·클라이언트 문의 응답 생성
☐ 내부 공지 및 메모 작성

③ **리서치 및 데이터 분석**

☐ 산업 뉴스 및 보고서 요약

☐ 방대한 문서에서 핵심 내용 추출

☐ 경쟁사 및 시장 조사 수행

☐ 설문조사 또는 고객 피드백 데이터 분석

☐ 데이터 시각화 및 프레젠테이션 지원

④ **회의 및 협업 지원**

☐ 프레젠테이션 슬라이드 및 발표 자료 준비

☐ 논의 주제 및 질문 생성

☐ 회의 녹음 또는 회의록 요약

☐ 팀 프로젝트 아이디어 브레인스토밍 지원

⑤ **고객 서비스 및 영업 지원**

☐ FAQ 및 챗봇 답변 생성

☐ 영업 피치 및 제안서 작성

☐ 제품 설명 및 마케팅 콘텐츠 생성

☐ 잠재 고객 맞춤형 아웃리치 메시지 작성

☐ 미팅 후 후속 이메일 작성

⑥ **기술 및 IT 지원**

☐ 기본적인 코드 오류 디버깅

☐ 간단한 자동화 스크립트 작성(예: Excel, Python)

- ☐ SQL 쿼리 생성 및 데이터 조회
- ☐ 기술 개념을 쉽게 설명
- ☐ 소프트웨어 문서화 지원

⑦ 인사(HR) 및 직원 관리
- ☐ 채용 공고 및 면접 질문 작성
- ☐ 성과 평가 요약 및 보고서 작성 지원
- ☐ 신입 사원 온보딩 자료 제작
- ☐ 내부 교육 콘텐츠 초안 작성
- ☐ 다양성 및 포용성 관련 커뮤니케이션 개선

⑧ 커리어 및 역량 개발
- ☐ 커리어 성장 및 역량 개발 조언 받기
- ☐ AI 기반 학습 로드맵 생성 및 학습 지원
- ☐ 면접 예상 질문 및 모의 면접 연습
- ☐ 비즈니스 영어 및 커뮤니케이션 스킬 연습
- ☐ 자격증 및 학습 자료 요약 생성

⑨ 혁신 및 창의적 사고
- ☐ 새로운 비즈니스 전략 브레인스토밍
- ☐ 창의적인 마케팅 아이디어 생성
- ☐ 영상 콘텐츠 또는 발표 스크립트 작성
- ☐ 브랜드 스토리텔링 및 메시징 개선

☐ 팀 빌딩 활동 아이디어 생성

여러분의 활용도 점수는 몇 점인가?

- 4개 이하: 거의 사용하지 않음, 자동화 기회가 많음
- 5~22개: 가끔 사용하지만, 더 효과적으로 활용 가능
- 23~36개: 업무 프로세스에 잘 통합되었지만, 추가 최적화 가능
- 37개 이상: 일상 업무에서 ChatGPT에 크게 의존하는 수준

어떤 업무에서 ChatGPT를 가장 많이 사용하고 있는가? 개선할 부분은 무엇인가? 이 체크리스트를 활용해 업무에 AI를 더 스마트하게 적용해보자!

여러분은 지금 끝판왕이 되기 위한 첫걸음을 이 책과 함께 시작하셨다. 어찌 보면, 'AI 혁신'이 이 책에서 모든 것을 대변하지는 않는다. 중요한 건, '내가 무엇을 바꿀 것인가?'이다.

AI는 하나의 큰 물결일 뿐, 그 물결을 주도하느냐 휘말리느냐는 개인에게 달려 있다. 기술만 배우고 끝내는 게 아니라, 자기 관리와 목표 설정, 심리적 탄력성, 나만의 브랜드, 지속 가능한 리더십까지 통합적으로 갖추어야 '끝판왕'이 될 수 있다.

④
AI가 바꾸는 삶과 커리어

"불과 1년 전, 이런 시대가 올 거라고 상상했나요?"
 어느 날 아침, 우리의 삶이 전혀 다른 국면으로 접어든 것만 같은 경험을 해본 적이 있는가? 예컨대, 스마트폰이 처음 등장했을 때도 그랬다. ChatGPT를 필두로 한 'AI 혁명'이 우리 일상을 또 한 번 송두리째 바꿔놓으려 하고 있다.
 여기서는 AI가 실제로 우리의 생활 양식과 직업 세계, 커리어 전개에 어떤 파급효과를 가져오는지 다각도로 살펴보고, 개인이 무엇을 준비해야 할지 탐구한다.

일상의 자동화부터 감성적 영역까지,
스며드는 AI로 인한 커리어의 변화

과거에는 'AI = 로봇이 단순 작업을 대신한다' 정도로 이해하는 경우가 많았다. 그러나 지금 AI는 훨씬 다양한 차원에서 우리의 삶에 침투하고 있다.

① 일상 속 자동화

집 안에서 음성 비서(AI 스피커)가 음악을 틀고, 날씨를 알려주며, 장을 봐주고, 일정 관리를 해주기도 한다.

기업 현장에서는 RPA(Robotic Process Automation) 도입이 빠르게 진행되며, 회계·인사·재무 업무가 자동화되고 있다.

이전에 사람이 직접 하던 반복 작업들이 AI로 대체됨으로써, 인간은 더 가치 있고 창의적인 일에 집중할 수 있게 되었다.

② 감정적·창의적 영역까지

AI 그림(DALL·E, Midjourney)이나 AI 작곡(Amper Music, OpenAI Jukebox 등)이 확산되면서, 예술의 영역에서도 AI가 상당한 능력을 보여주고 있다. 심지어 대화형 챗봇은 인간의 감정을 어느 정도 파악하고 반응하는 '감성 컴퓨팅(Emotional Computing)'을 구현하기 시작했다. '이것만은 인간만의 영역일 것이다'라고 여겨졌던 부분에까지 AI가 깊숙이 들어오면서, 많은 사람이 경이로움과 당혹감을 동시에 느끼게 되었다.

이처럼 AI는 이미 일상에 폭넓게 스며들고 있으며, 앞으로 더욱 폭발적으로 확산될 전망이다. 스위치를 누르면 갑자기 나타나는 번갯불이 아니라, 천천히 우리의 생활 전반을 덮쳐오는 거대한 조류에 가깝다고 할 수 있다.

일자리의 재편과 커리어 기회의 확대

'AI 때문에 내 일자리가 사라질 것 같다', '인간이 할 일은 곧 없어지지 않을까?'라는 우려가 심심치 않게 등장한다. 실제로 반복적 업무나 정형화된 절차를 요하는 업무에서, 사람보다 AI가 훨씬 효율적인 성과를 내는 사례가 늘고 있다. 하지만 역설적으로, 새로운 커리어 기회가 동시에 열리고 있다는 점을 놓치면 안 된다.

① 직무 재편

사무직·회계직·데이터 관련 직무에서 자동화가 가속되면서, 인간은 보다 고차원적인 의사결정을 하고 창의력을 발휘하는 역할로 이동 중이다. 예컨대, '데이터 입력·정리'에 머물던 사람이 AI 분석 결과를 토대로 비즈니스 인사이트를 도출해내는 '분석가(Analyst)'로 성장하는 식의 변화가 이루어지고 있다.

② 새로운 직업군 탄생

AI 프롬프트 엔지니어(Prompt Engineer), AI 코치, AI 기반 콘텐츠 크리에이터 등 5년 전엔 없던 직종들이 이미 활발히 등장하고 있다. 기업들이 AI 프로젝트를 추진하며 '이 분야를 정확히 이해하고, 조직 전체를 디지털 전환하도록 이끌 사람'을 수배 중이다. 즉, AI를 '잘 쓰는' 역량 자체가 경쟁력이 되고 있다.

③ 글로벌 협업·프리랜서 기회 확대

원격근무와 디지털 플랫폼이 흔해지면서, 국경을 초월해 일할 수 있는 시대가 열렸다. AI를 활용해 언어 장벽도 빠르게 낮아지고 있어, 전 세계를 무대로 협업·프로젝트 진행이 가능한 환경이 조성되었다. 개인 브랜딩을 통해 유튜브·SNS 등에서 자신의 전문 지식을 확산시키면 국내외 기업·기관으로부터 러브콜을 받을 수 있다. 결국 AI가 어떤 의미에서는 단순히 일자리를 줄일 수도 있지만, 동시에 더 많고 새로운 역할을 만들어 낼 가능성도 크다. 그 전환을 주도하느냐, 끌려가느냐가 개인의 성공을 가를 중요한 분기점이 될 것이다.

커리어 전개에서 가장 중요한 키워드:
'업스킬(Up-skill)'과 '리스킬(Re-skill)'

AI 시대의 핵심 화두 중 하나는 '계속 배워야 한다'는 점이다. 취업만 하면 끝이던 과거와 달리, 이제는 현재 직무를 계속 업그레이드(Up-skill)하거나, 새로운 스킬을 익혀 전혀 다른 분야로 재교육(Re-skill)받는 일이 당연해지고 있다.

ChatGPT로 인한 새로운 직업군을 살펴보도록 하자. 다음 사례는 AI 기반 고객 경험 매니저의 이야기다. 그는 어떠한 방식으로 본인의 업무에 AI를 활용하고 있을까?

저는 V 자동차사 세일즈 파트 매니저로, AI를 활용하여 고객 서비스를 개인화하고 서비스를 효율화하며 전체적인 만족도를 향상시키는 데 중요하게 활용하고 있어요.

- **AI 기반 고객 프로파일링:** AI는 고객의 검색 기록, 과거 문의 사항, 딜러십과의 상호작용을 분석하여 고객의 선호도에 맞는 자동차 모델을 추천하고 있어요. 고객이 방문하기 전 고객의 웹사이트 방문, 시승 예약, 판매 담당자와의 상호작용 등을 분석하여 리드의 우선순위를 자동으로 매길 수도 있어요. 방문 시에는 고객이 연비가 좋은 차에 관심을 보였다면 AI는 고객에게 가장 적합한 자동차를 추천하죠.
- **실시간 상담:** AI는 고객의 일반적인 문의 사항(예: 금융 옵션, 차량 재고 상태, 보증 내용 등)에 자동으로 답변할 수 있어, 비즈니스 시간이 아니더라도 기존 고객 및 잠재 고객들이 즉시 응답을 받을 수 있습니다. 이를 통해 긴급 상황에 자동차 기능 숙지가 덜 된 고객들을 안내하기도 하고 모든 구매 리드를 놓치지 않도록 해요.

결과적으로 AI 기반 인사이트는 딜러십이 어떤 차종이 인기가 많을지 예측하고, 이를 통해 인기를 끌 차를 준비하여 재고를 최적화할 수 있도록 돕습니다. AI가 고객과의 상호작용을 관리하고, 맞춤형 추천을 제공함으로써 리드를 판매로 전환하는 확률이 높아집니다. 적시에 후속 메시지와 타겟팅된 제안이 결합되면 전환율이 더욱 상승하는 거죠.

ChatGPT를 통해 새로운 직업군의 탄생뿐만 아니라 커리어 측면에서도 이러한 변화를 만들어낼 것이다.

① 평생 학습의 가속

기술과 환경이 빠르게 바뀌니, 예전처럼 한 번 배운 지식으로 평생 우려먹기 어렵다. 온라인 교육 플랫폼(코세라, 유데미, 유튜브 러닝 등) 및 AI 기반 학습 도구가 폭증, '누구나 24시간 배울 수 있다'라는 시대적 흐름을 만들어낼 것이다.

② AI 코칭, AI 튜터의 등장

ChatGPT 등은 단순 질의응답을 넘어, 학습 목표를 지정하면 단계별로 가이드해주는 역할도 가능하다. 문제를 풀이하고, 이해 안 되는 부분을 거듭 질문하면 개인 맞춤형 피드백까지 제시하니 사실상 개인 과외 교사가 무료로 생긴 것과 다름없다. 이런 흐름은 커리어 전환 과정에서 막막함을 느끼는 이들에게 큰 도움이 된다.

③ 나만의 전문 영역 발견

모든 사람이 AI 전문가가 될 필요는 없다. 오히려, 내가 좋아하고 잘하는 분야에 AI를 접목해 차별화를 시도하는 것이 현명하다. 예를 들어 마케팅을 잘하던 사람이 ChatGPT를 결합하면 데이터 기반 초개인화 마케팅을 할 수 있게 되고, 디자인을 하던 사람이 AI 이미지를 활용해 초스피드 시안 제작 능력을 갖출 수도 있다.

'AI가 바꾸는 삶'의 흐름 속에서 가장 중요한 건 '나의 커리어를 어디로 끌고 갈 것인가?'라는 주체적인 질문이다. 평생 학습과 업스킬·리스킬에 능동적으로 투자한다면, AI는 불안이 아니라 '가능성 확대'의 도구가 된다.

커리어 설계에 ChatGPT를 잘 활용하고 있는지 체크해보자.

☑ 적합한 커리어 경로 찾기
현재 보유한 기술, 관심사, 산업 트렌드를 바탕으로 최적의 직무를 탐색하고 직무별 역할, 필요 역량, 연봉 등을 비교 분석할 수 있다.

☑ SMART 커리어 목표 설정
장기적인 커리어 목표를 단기 목표로 세분화하여 실행 계획을 수립하고 AI를 활용해 진행 상황을 점검하고 전략을 수정한다.
ChatGPT를 활용하여 커리어 개발 계획을 작성하고 이를 단계별로 실행할 수 있다. 승진을 위한 필요 스킬이나 목표를 설정하고 이를 달성하기 위한 전략을 수립할 수 있다.

☑ 자기 평가 및 피드백
자신의 강점과 약점을 평가하는 데 ChatGPT가 제공하는 프레임워크를 사용할 수 있다.
개인 계발 계획을 세우고 진행 상황을 추적하여 성장을 지속적으로 모니터링할 수 있다.

☑ 개인 브랜딩 강화
링크드인 프로필, 이력서, 온라인 포트폴리오를 최적화하고 전문성을 강조하는 SNS 게시물 및 자기소개문 작성에 지원을 받을 수 있다.
커리어 성장 기회를 식별하고 새로운 기회를 찾을 수 있도록 ChatGPT가 도움을 줄 수 있다.

AI가 우리의 업무와 생활을 편리하게 만들어주는 만큼, 인간의 고유 가치에 대한 관심도 동시에 커지고 있다. '창의력, 감정, 소통, 공감' 등은 AI가 아직 완벽히 대체하지 못하는 역량이기 때문에, 이러한 인간적 영역이 커리어 성공에 있어 결정적 차별화 포인트가 된다.

- **창의력:** ChatGPT가 다양한 아이디어를 제시할 수 있지만, 완전히 새로운 프레임이나 혁신적 발상은 결국 인간의 경험과 통찰에서 나오기 마련이다.
- **감정·공감:** 대인관계, 협상, 리더십, 팀워크 등의 영역에서는 인간만의 감성이 핵심이다. 기계가 대체할 수 없는, '사람과 사람을 연결'하는 능력이 중요해진다.
- **스토리텔링:** 정보는 AI가 제공하지만, 왜 중요한지를 설득하고 가치를 부각하는 건 인간의 영역이다. 콘텐츠나 강연, 리더십 등에서 이 차이가 극명하다.

결국, AI가 할 수 없는 인간다움이 오히려 더 귀중한 역량이 된다. 따라서, AI 시대를 준비하면서도 '내가 어떤 강점을 키울 것인가'라는 질문을 놓치지 말아야 한다. 기술은 어디까지나 수단일 뿐, 사람이 주인공임을 잊어서는 안 된다. 당신의 삶과 커리어, 지금이 기회다.

지금까지 살펴본 것처럼, AI는 이미 우리 삶을 크게 바꾸고 있다. 그리고 그 변화는 앞으로 더 가속화할 것이다. 그러나 이 변화가 '위기'가 될지, '기회'가 될지는 각자의 선택과 행동에 달려 있다.

5

새로운 시대, 새로운 역량

이제는 AI 시대에 정말로 주목해야 할 핵심 역량들을 짚어볼 차례다. 국내 주요 대기업과 스타트업, 공공기관에서도 AI 시대의 역량에 대해 다양한 시도를 하고 있다.

- **대기업 A:** 임직원 교육 프로그램에 '디지털 리터러시' 과목이 필수가 되었다. 전 직원 대상으로 '분석적 사고, 문제 정의, 협업 툴 활용' 역량을 평가·관리한다.
- **스타트업 B:** 신입·경력 공채에서 학벌·나이보다 '실험 정신, 실패 경험, 자기 주도 학습' 여부를 최우선으로 평가한다. 매주 함께 스터디하며 AI 신기술을 공유하는 내부 'AI 클럽'을 운영한다.
- **공공기관 C:** 과거에는 민원 업무 등을 '서류 처리'로 접근했지만, 이제는 AI 챗봇 및 음성 상담 시스템을 도입하였다. 직원의 감정 노동 완화와 고객 만족도 동시 달성을 위해, EQ 교육과 디지털 업무 매뉴얼을 제공한다.

국내외 여러 연구와 전문가들의 공통 의견을 종합해, 5가지로 요약해보았다.

① 창의적 문제 해결(Creative Problem-Solving)
- AI가 줄 수 있는 정형화된 답을 넘어, 문제 자체를 새롭게 정의하고 혁신적 발상으로 접근하는 능력
- 미해결 영역일수록 인간의 이색적 아이디어가 큰 가치를 창출한다는 점에서, 대형 조직부터 스타트업까지 더욱 주목

② 협업 및 커뮤니케이션(Collaboration & Communication)
- 인간 대 인간의 상호작용은 여전히 필수
- 온라인·원격 환경이 일반화되면서, 디지털 협업 도구를 활용하는 능력 + 대면 커뮤니케이션 스킬까지 모두 중요해짐

③ 감정지능(EQ)과 공감(Empathy)
- AI가 줄 수 없는 감성적 교류와 정서적 안정을 창출
- 고객·동료·팀원 등의 감정을 이해하고 배려하는 능력은, 조직과 개인의 성과에 직결(Daniel Goleman, EQ 연구)
- 고객 서비스, 리더십, 마케팅, 대인관계 등 거의 모든 분야에서 높은 EQ가 강점이 됨

④ 데이터 리터러시(Data Literacy)
- AI 시대에는 '어느 정도 데이터 이해가 기본 역량'

- 꼭 프로그래머가 되지 않아도, 데이터를 해석하고 AI 활용 결과를 검증·활용할 줄 알아야 의사결정의 질이 올라감
- '데이터 문해력'은 이제 '문자 문해력'처럼 새로운 기본 소양이 되고 있음

⑤ 지속 학습 및 적응력(Lifelong Learning & Adaptability)
- 기술·사회·시장 변화가 워낙 빨라, 한 번 배운 지식으로 오래가기 어려움
- 오히려 '새로운 것을 배우는 법'을 배우는 것이 핵심 역량
- 학습 능력, 유연한 태도가 있어야 AI 시대의 변화를 즐기는 '선도자'가 될 수 있음

이런 변화들은, 우리 주변 현장에서도 이미 '새로운 역량'을 중요하게 인식하고 있음을 보여준다. '난 아직 준비 안 됐다'라고 생각하는 사람이라도, 지금부터 차근차근 역량을 쌓으면 결코 늦지 않다.

"새로운 시대가 필요한 건, 결국 '새로운 나.'"
새로운 시대가 요구하는 역량은, 결국 '기존 나'와 '새로운 성장'의 만남에서 탄생한다. 이 장에서 언급한 인간적 역량들을 소중히 여기며, AI를 잘 결합해 나만의 시너지를 만든다면 당신은 하루하루 엄청난 도약을 이뤄낼 수 있을 것이다.
창의력과 협업, 감정지능과 데이터 리터러시, 그리고 평생 학습은 다른 누구도 아닌 본인의 일상과 업무, 그리고 의사결정 속에서 살아 숨 쉬는

핵심 자산이 될 것이다.

　이제 곧 이어질 제2장에서, 우리는 두려움을 깨부수는 끝판왕 마인드를 더 깊이 파고들 예정이다. 왜냐하면, 새 시대의 역량을 키우는 데 있어 가장 먼저 부딪히는 벽이 바로 '심리적 장벽'이기 때문이다. 성장 마인드셋, 회복탄력성, 자기 대화 같은 요소가 어떻게 AI 시대의 기본 토대가 되는지, 거기서의 행동은 어떻게 이어지는지 알아보도록 하자.
　'새로운 시대, 새로운 역량'이라는 키워드가 이제부터 당신의 성장 로드맵에 계속 등장하게 될 것이다. AI가 더 강력해질수록, '인간의 고유 역량' 역시 더 빛날 것이기 때문이다.

제2장

두려움을 깨부수는
끝판왕 마인드

- 변화의 두려움을 삶의 동력으로 만들어라

두려움은 반응이고, 용기는 결정이다.
- Rt Hon. Sir Winston Churchill

1

기술 혁신이 빠를수록,
결국 사람이 빛난다

① 스타트업 창업자 K 씨의 이야기

- **배경:** K 씨는 대기업에서 10년 이상 근무하면서, 'AI 시대에 내 역할이 사라질 수도 있겠다' 하는 강한 불안을 느꼈다.
- **전환:** 회사 내 AI 프로젝트가 뜨자, 오히려 그 파트를 맡아 직접 배우기 시작했다. ChatGPT를 활용해 자료를 조사하고, 관련 온라인 강의를 들으며 작은 시도를 했다.
- **결과:** 사내 프로젝트가 성공적으로 마무리된 뒤, K 씨는 회사를 나와 AI + 콘텐츠 관련 스타트업을 창업했다. 그 불안이 없었다면 결코 시도하지 않았을 일이라며, "불안 덕분에 인생이 바뀌었다"라고 말한다.

② 미국의 중년 개발자 L 씨

- **배경:** L 씨는 40대 후반에 들어서며 '코딩 신기술을 젊은 친구들만큼 빨리 습득할 자신이 없다' 하는 두려움을 느꼈다.

- **전환:** 하지만 ChatGPT를 비롯한 AI 코딩 보조 툴을 활용해보니, 자신의 경험(설계·디버깅 노하우)이 오히려 큰 강점임을 깨달았다.
- **결과:** "AI가 내 약점을 보완해주고, 나는 AI가 못 하는 설계 및 팀 리딩을 맡았다"라고 말하며, "불안이 오히려 도약의 계기가 되었다"라고 평가했다.

이들의 공통점은, '불안 때문에 가만히 있는 게 아니라, 가만히 있을 수 없어서 행동'한 데 있다. 그리고 그 행동이 새로운 결과를 끌어내면서, 불안은 자연스럽게 확신으로 바뀌게 된다.

'기술 혁신이 빠를수록, 결국 사람이 빛난다.'

이 책의 근본 메시지 중 하나다. 앞서 폭풍 같은 AI 혁신과 바뀌어가는 삶과 커리어를 살펴봤다면, AI와 함께 살아갈수록 인간만의 특장점과 필수 역량이 무엇인지가 더욱 중요해진다. 이를 국내외의 주요 연구와 사례를 통해 구체적으로 풀어본다.

②

AI 시대, 우리는 무엇이 두려운가?

"기술이 이렇게 빠른데, 과연 내가 살아남을 수 있을까?"

최근, 회사 회의실이나 대학 캠퍼스, 심지어 커피숍에서조차도 AI 이야기가 빠지지 않는다. 누군가는 반갑게 받아들이고, 또 누군가는 심한 불안을 느낀다. 그리고 막상 대화를 나눠보면, 많은 사람들이 비슷한 '공포'를 안고 있음을 깨닫게 된다. AI 시대, 우리를 두렵게 하는 3대 공포는 아래와 같다.

첫 번째 공포: 직업 상실('내 일자리가 사라질까?')

가장 흔히 들리는 걱정은 "AI가 우리 일자리를 다 뺏어가는 것 아니냐"라는 말이다.

① 자동화(Auto-automation)의 가속

반복적이고 규칙적인 업무는 이미 로봇프로세스자동화(RPA), 챗봇, 머신러닝 등으로 빠르게 대체가 진행 중이다.

예컨대, 회계·재무·인사 업무 중 단순 데이터를 다루는 과정은 AI가 더 빨리, 더 정확하게 처리가 가능해졌다.

② 실제 기업 사례

해외에선 아마존이 무인 매장을 확장하며, 점원이나 계산원 수를 줄였다. 국내에서도 일부 대형 마트가 AI 계산대를 시범 운영 중이다.

텔레마케팅이나 고객 응대 분야에서 챗봇이 빠르게 적용되면서, 상담 인력이 줄어드는 추세가 보도되고 있다.

③ 심리적 압박: '나는 대체될 수 있는가?'

한편 이런 소식을 접할 때마다, 사람들은 '내가 하는 일도 이렇게 간단히 대체될 수 있나?' 하고 불안에 휩싸인다.

한국고용정보원 보고서(2021)에 따르면, 국내 상당수 사무직 근로자들이 '5년 내 AI나 자동화로 내 업무가 대체될 수 있다'라고 응답했는데, 이는 직업 상실 공포가 현실로 다가온다는 뜻이기도 하다.

하지만, 이 걱정 뒤에는 또 다른 통계도 존재한다. 세계경제포럼(WEF)은 'AI와 로보틱스가 대체하는 일자리도 많겠지만, 오히려 새로운 직업을 만들어내는 속도도 만만치 않다'라고 보고한다. 즉, '대체'가 아니라 '재편'이 핵심일 수 있다는 것이다.

두 번째 공포: 기술 격차('나는 너무 뒤처진 거 아닐까?')

두 번째로 많이 언급되는 불안은 '기술이 너무 빨라, 나 같은 사람은 못 따라갈 것 같다'라는 고민이다.

① 세대 간 디지털 격차

젊은 층은 어릴 때부터 스마트폰과 컴퓨터에 익숙해져, AI 활용에도 빠르게 적응한다. 반면 중·장년층은 '지금 와서 머신러닝이나 프로그래밍을 배워야 하나?'라는 부담감을 느낀다.

실제로 기업 내 디지털 전환 프로젝트에서, 세대 간 역량 차이 때문에 갈등이 생기는 경우가 흔하다.

② '코드·알고리즘'을 몰라서 막막함

ChatGPT 같은 AI 툴을 써보라고 해도, '도대체 어떻게 질문을 던져야 하지?' 하고 막연히 겁을 내거나, '내가 코딩을 해야 하나?'라는 압박을 호소하는 사람들이 많다.

'프롬프트 엔지니어링(Prompt Engineering)' 같은 개념이 떠오르면서, '나와 상관없는 세계'라고 생각하기 쉽다.

③ 배움에 대한 부담

성장 마인드셋이 부족하면, '난 원래 이런 거 못해'라고 스스로 한계를 정해버린다.

한국고용정보원 통계 중 한 지표를 보면, 재교육이나 직무역량 강화 교육에 참여하는 비율이 30대 후반 이상에서 급격히 줄어드는 추이가 있다. 이는 곧, '배우기 늦었다' 하는 심리가 기술 격차를 더 벌리는 요인이 된다는 뜻이다.

그러나, 이 공포 역시 실제 현장에서는 AI를 적극 활용하면 오히려 빠르게 학습할 수 있다는 반론이 있다.

ChatGPT나 AI 학습 플랫폼을 이용하면, 초보자 수준이라도 자신이 궁금한 점을 차근차근 질문하면서 필요한 지식을 쉽게 얻어 갈 수 있다.

'질문만 던지면 대답해주는 디지털 코치가 생겼다'라는 관점으로 보면, 기술 격차를 좁히는 절호의 기회가 될 수도 있다.

세 번째 공포: 정체성·가치 혼란('내가 뭘 해야 의미가 있을까?')

마지막으로, AI 시대에 자주 대두되는 불안은 '인간의 가치가 훼손되지 않을까?', '이제 사람의 의미는 뭔가?' 같은 정체성에 관한 문제다.

① 'AI가 더 똑똑하면, 나는 뭘 해야 하지?'

바둑, 체스, 퀴즈 등 지적 영역에서조차 AI가 인간을 압도한다. 창작 영역(그림, 글, 음악)도 AI 작품이 사람들 사이에서 호평받는 사례가 늘면서, '그럼 인간의 창의성조차 AI가 넘보는가?'라는 고민이 커진다.

② 가치 상실감

기존에 경험과 노하우로 인정받던 베테랑들도, 데이터와 알고리즘 앞에서 '내가 그동안 쌓아온 건 무슨 소용?'이라며 자괴감을 느끼기도 한다.

심지어 AI 면접관을 도입한 기업도 생기면서 인사 평가나 능력 판단마저 기계가 하는 시대에, 사람의 존재감이 작아지는 듯한 혼란이 생긴다.

③ 인간다움이란 무엇인가

'AI가 모든 문제를 해결해버리면, 인간은 과연 어떤 가치를 만들어낼까?'라는 철학적 질문이 나오게 된다.

과학기술정책연구원(STEPI)의 한 보고서에서는, AI 발전이 가속화될수록 '인간적 가치, 감정, 공감, 윤리, 의미 추구'가 더 중요해진다고 지적한다.

결국, 이 공포의 핵심은 '내가 하는 일이 AI보다 못하면, 내 삶의 의미가 줄어드는 게 아닐까?' 하는 상실감에 있다. 그러나 반대로 보면, AI가 잘 못하는 분야(공감, 관계, 스토리텔링, 창의적 융합, 윤리 판단)를 더 강화해, 인간다움을 극대화할 기회가 생기는 셈이기도 하다.

③
당신의 두려움은,
곧 당신의 잠재력이다

"두려움은 에너지가 될 수도 있다."

이렇게 살펴보면 AI 시대가 불러오는 3대 공포, 즉 ① 직업 상실, ② 기술 격차, ③ 정체성·가치 혼란은 사실 엄청난 기회의 다른 얼굴이기도 하다.

직업 상실이란, '반복·단순 업무가 대체되고, 인간이 더 창의적이고 복합적인 영역으로 이동'한다는 말일 수 있다.

기술 격차란, '새로운 도구를 배우면 누구나 폭발적 성장'을 할 수 있다는 반증이기도 하다.

정체성 혼란이란, 오히려 '사람이기에 가능한 가치'를 재발견하는 과정일 수 있다.

누구나 AI 이야기를 듣고 흥분과 동시에 불안을 느낄 수 있다. 직업 상실, 기술 격차, 가치 혼란 등 다양한 공포가 마음 한구석을 짓누른다. 그런데 이 불안이라는 감정은, 사실 제대로 다루기만 한다면 엄청난 에너지로 전환될 수 있다. 세계적으로 유명한 심리학자와 뇌과학 연구, 그리고

성공 사례는 한목소리로 말한다. '두려움을 피하기보다, 잘 다스려서 에너지로 만들라.'

심리학자 마틴 셀리그먼의 연구(학습된 낙관주의)나 캐롤 드웩의 성장 마인드셋 이론을 보면, 불안을 적절히 활용하면 오히려 성장을 촉진하는 동력이 된다고 한다. '절망'이 아니라, '이대로 가면 안 되니 뭔가 해보자'라는 자극제가 된다는 것이다.

AI 시대의 3대 공포는 결국, 우리가 앞으로 어떻게 대처하느냐에 따라 전혀 다른 결과를 낳는다. 누군가는 이 공포에 짓눌려 '난 끝이야'라며 손 놓고, 또 누군가는 'AI가 내 길을 넓혀줄지도 몰라!'라며 발상의 전환을 한다.

두려움을 극복하기 위해서는, 먼저 '무엇이 나를 두렵게 하는지' 직시하고, 그다음 '이 불안을 에너지로 바꿀 방안'을 모색해야 한다. 그러기 위해서는 가장 먼저 내가 어떤 불안을 느끼는지 이 불안을 인식해야 한다.

불안은 인간을 움직이게 하는 '배양액'이다. 현대 직장인에게서 나타나는 불안은 생존과 관련된, 즉 직업의 존속 및 경제적 불안이 있으며 더 나아가 직장 생활을 유지하며 나타나는 학습된 불안으로 나눌 수 있다.

생존 본능에서 비롯되는 불안

진화심리학에 따르면, 불안은 원시시대부터 인간을 살아남게 만든 핵심 감정 중 하나였다. 맹수가 나타나면 두려움을 느껴 도망가거나 대비하게 되고, 위험 징후를 감지하면 안전한 곳을 찾도록 행동을 유도한다.

원시인에게는 맹수나 자연재해가 대표적 공포였다면, 현대인에겐 기술 변화와 직업, 사회적 지위, 경제적 불안 등이 그 역할을 하게 된 것이다. 결국 불안은 '이대로 가면 위험할 수 있다'라는 경고 신호이자, '서둘러 대비하고 새로운 시도를 해보라' 하는 행동 자극의 기능을 한다.

학습된 낙관주의 vs. 학습된 무기력

마틴 셀리그먼(Martin Seligman)의 '학습된 낙관주의(Learned Optimism)' 이론에서, 사람들은 같은 불안 상황을 마주해도 어떻게 해석하느냐에 따라 전혀 다른 결과를 맞이한다.

- **낙관적 해석**: '이 불안은 내가 뭔가 행동해야 한다는 신호군. 그럼 빨리 대응책을 찾아봐야지!'
- **비관적 해석**: '어차피 내 능력 밖이야. 난 안 될 거야.' → 학습된 무기력에 빠져 변화 시도 자체를 포기한다.

즉, 불안은 누군가에겐 절망의 계기가 되지만, 또 다른 이에게는 '나를 움직이게 하는 스위치'가 될 수 있다.

4

불안을 에너지로 만드는 법

불안이 에너지화할 때는 3단계의 프로세스를 거친다.

많은 심리학자와 동기부여 전문가들은 '불안은 행동의 씨앗'이라고 말한다. 그 '씨앗'을 제대로 싹틔우는 방법을 3단계로 정리했다.

① 인정(Accept)

'내가 불안하구나' 하고 솔직하게 수용하는 단계다. 불안을 덮으려 하거나, '나는 원래 안 불안해'라고 부정하면 그 감정은 더 크게 쌓인다.

뇌과학 연구(불안감과 전두엽 활동)에서도, '불안한 감정을 언어화하고 인정하는 것만으로 스트레스 호르몬이 감소한다'는 결과가 있다.

② 질문(Question)

'그렇다면, 이 불안을 해결하기 위해 나는 어떤 걸 해볼 수 있을까?'

'이 불안 뒤에는 어떤 근본 원인이 숨어 있을까?'

불안을 구체적 질문으로 바꾸면, 막연함이 줄어들고 목표가 생긴다.

예를 들어 'AI 때문에 내 일이 사라질까?'라는 불안을 '내 업무 중 AI가 대체하기 쉬운 부분은 뭘까?'로 구체화하고, 거기서 '그렇다면 무엇을 배우거나 개선해야 하지?'라는 추가 질문을 해본다.

③ 실행(Act)

불안을 가라앉히는 가장 빠른 방법은, '작은 실행'으로 변화를 시작하는 것이다.

캐롤 드웩(Carol Dweck)의 '성장 마인드셋' 이론에 따르면, '지금 당장 할 수 있는 작은 시도'는 불안을 호기심과 도전 정신으로 전환해주고, 작은 성취를 통해 더욱 큰 행동을 이끌어낸다.

예를 들어 ChatGPT에 간단한 질문을 던져보고 업무에 활용해보거나, 2주간 기술 스터디를 꾸려보는 등 작은 실천부터 시작하는 것이다.

감정 전환 기법

내 안의 셀프토크(자기 대화) 바꾸기를 실천한다. 불안을 에너지화하는 데 있어 빼놓을 수 없는 기술이 자기 대화(Self-talk)이다. 다니엘 고먼(Daniel Goleman)의 EQ 연구에서도, '자신과의 대화 방식이 정서 조절 능력과 성과에 막대한 영향을 준다'라고 지적한다.

① 부정적 셀프토크를 캐치하기

예를 들어 "내가 뭘 한다고…", "이건 무리야", "난 AI에 적성 안 맞아"와 같은 말을 자동반사처럼 하면서 스스로 가능성을 차단하는 경우가 많다.

이를 긍정적·도전적 언어로 전환해본다. 예를 들어 "모르니까 배워볼 기회가 있다", "당장 큰 그림은 안 보여도, 일단 시도해보자" 등이다. '내가 못할 이유' 대신 '내가 해볼 수 있는 단 1%의 이유'에 집중한다.

② 구체적 행동 언어 덧붙이기

예를 들어 "오늘 저녁에 ChatGPT로 시장 조사 10분만 해보자", "동료에게 AI 스터디를 제안해보자" 등이다.

자기 대화가 행동 지침을 포함할 때, 뇌는 더 쉽게 동기부여를 느낀다.

작은 문장 하나만 바꿔도 두려움이라는 감정이 희미해지고, '어, 이거 생각보다 해볼 만하겠는데?'라는 행동 동기로 바뀌는 경험을 할 수 있다.

두려움이 없다면 혁신도 없다: 끝판왕 마인드로 가는 문턱

불안은 우리의 적이 아니라, 때로 가장 강력한 동맹이 되기도 한다. AI 시대라는 급변의 시기에, 두려움은 스스로를 점검하고 새롭게 도약할 기회를 제공하는 배양액 역할을 한다.

- **불안을 인정한다:** '그래, 지금 좀 무섭긴 해. 하지만 이건 당연한 반응이야.'
- **불안을 질문으로 바꾼다:** '내가 진짜로 원하는 건 뭘까? 뭘 배우고, 어떻게 변화해야 할까?'
- **불안을 행동으로 옮긴다:** '작게나마 시도해보자. 처음엔 서툴러도,

시도하지 않으면 아무것도 바뀌지 않으니까.'

이렇게 3단계를 거치면, 우리는 '끝판왕 마인드'를 향해 한 걸음 더 나아갈 수 있다. 기회가 주어지면 그 기회를 움켜쥐고 실패나 시행착오를 겪더라도 재빨리 다시 움직이는 자세, 이것이 바로 다음 소제목에서 다룰 핵심이 될 것이다.

지금 이 불안이, 훗날 나의 무기가 된다

AI 시대의 불안은 피할 수 없다. 그렇다면, 그 불안을 '나를 더 강하게 만드는 무기'로 삼아야 한다. 사람은 편안함 속에선 크게 성장하지 못한다. 불편함이 있을 때, 그 불편함을 없애기 위해 무언가를 배우고, 도전하고, 변화를 일으킨다.

⑤
끝판왕은 결국 '나'를 가장 잘 다루는 사람

"두려움과 불안을 넘어, 어떻게 진짜 '끝판왕'으로 거듭날 것인가?"

앞서, 우리가 마주한 AI 시대의 다양한 공포(직업 상실, 기술 격차, 정체성 혼란 등)를 어떻게 자기 성장의 에너지로 전환할 수 있는지 살펴보았다. 이제는 그 불안을 완전히 깨부수고, 최강의 마인드를 구축해 실제 성과로 이어가는 단계에 도달해야 한.

이번에는 끝판왕 마인드가 무엇인지, 그리고 지금 이 시점에서 왜 끝판왕 마인드가 가장 강력한 무기가 될 수 있는지 핵심 요소들을 정리해본다.

끝판왕 마인드는 '시행착오'를 두려워하지 않는다

① 빠른 실패 vs. 느린 실패

실패라는 단어는 대부분의 사람에게 불쾌감을 준다. 하지만 끝판왕 마인드를 갖춘 사람들은 실패를 '성장으로 가는 통행권' 정도로 여긴다.

- **빠른 실패:** '시도 → 잘 안되면 원인 파악 → 다시 수정 → 다시 시도'의 순환이 빠르게 이루어진다.
- **느린 실패:** 두려움 때문에 시도를 늦추고, 실패 자체를 회피하려다 결국 더 큰 문제를 맞닥뜨린다.

애자일(Agile) 조직이나 린 스타트업(Lean Startup) 개념에서도, '작게 시행착오를 겪으면서 빠르게 개선'하는 문화가 핵심임을 강조한다. AI 시대처럼 변화 속도가 빠른 환경에선 시행착오를 미룰수록 더 큰 위험에 노출된다.

반대로, 끝판왕 마인드를 갖춘 사람은 '일단 해보자!'라는 태도로 작은 실패를 반복하고, 그 과정에서 놀라운 학습과 통찰을 얻어낸다.

② 샌프란시스코 스타트업의 사례

한 AI 기반 번역 스타트업은 초창기에 오역 문제가 심각해 투자자들에게 혹평을 받았지만, 이를 빠르게 개선할 수 있었던 이유가 바로 '끝판왕 마인드'를 가진 팀 문화였다고 한다.

그들은 '우리가 뭔가 잘못했군'이라는 불안을 외면하지 않고 재빨리 번역 알고리즘을 수정하고, 사용자의 피드백을 모으고, 하루가 멀다 하고 새로운 버전을 내놓았다. 결과적으로 6개월 만에 예전과 전혀 다른 수준의 번역 품질을 구현해, 투자를 유치하고 글로벌 진출에도 성공했다.

이처럼 시행착오는 '무능력'의 증거가 아니라, 도전과 학습의 필연적 결과물이다. 끝판왕 마인드는 실패에 움츠러드는 대신, '좋아, 이건 또 한 번의 단서야!'라고 받아들이는 태도로 승화시킨다.

끝판왕 마인드는 '성장 마인드셋'을 내면화한다

① 고정 마인드셋 vs. 성장 마인드셋

캐롤 드웩(Carol S. Dweck) 교수가 제안한 고정 마인드셋 vs. 성장 마인드셋 개념은 이제 전 세계적으로 널리 알려졌다.

- **고정 마인드셋:** '나는 원래 이 정도 능력이다. 바뀌기 어렵다.'
- **성장 마인드셋:** '노력과 학습에 따라 언제든 더 나아질 수 있다.'

끝판왕 마인드는 성장 마인드셋의 확장판이라 해도 과언이 아니다. AI 시대는 매일같이 새로운 기술과 변화를 쏟아내고, 그에 맞춰 사람들도 계속 배워야 한다.

- **성장 마인드셋이 없는 사람:** '내가 이걸 지금 배운다고 될까?'라는 의구심에 쉽게 멈춘다.
- **끝판왕 마인드를 지닌 사람:** '배우는 과정 자체가 재미있고, 결국 나를 더 탄탄하게 만들어줄 것'이라 믿고 과감히 뛰어든다.

② 끝판왕 마인드는 '생존'이 아니라 '진화'를 추구

일반적으로 '생존'을 목표로 하면, 어느 정도 안정권에 들면 그만두게 된다. 하지만 끝판왕 마인드는 '계속 진화해야 한다'라는 열린 자세를 견지한다. 학습 곡선을 끝없이 상승시키기 위해 새로운 책·강의·커뮤니티 참여 등을 즐기고, 신기술이 나오면 일단 '써보면서' 느낀다. 따라서 AI를 만났을 때, '난 어렵다, 패스'가 아니라, '오! 이거 어떻게 쓰는 거지? 재밌을 것 같은데?'라고 접근하는 것이다.

이러한 태도 덕분에, 끝판왕 마인드를 가진 사람은 번아웃에 빠지지 않고 오히려 '끊임없이 성장하는 즐거움'을 맛보게 된다.

끝판왕 마인드는 '자기 주도성(Ownership)'을 강하게 발휘한다

① AI를 도구로 만들어내는 힘

끝판왕 마인드의 또 다른 특징은 자기 주도성이 강하다는 점이다. '누가 시켜서가 아니라, 내가 필요하니까 배우고 활용한다' 하는 자세다. AI 시대에는 수많은 툴과 정보가 넘쳐나지만, 스스로 찾아 쓰지 않으면 아무 소용이 없다.

- **수동적 태도:** "회사에서 이거 사용하라고 해서… 잘 모르겠지만 써볼게요."
- **끝판왕 마인드:** "이 툴이 있다니! 내가 하고 싶은 아이디어를 빨리 구현할 수 있겠군. 불편한 부분은 어떻게 바꿀 수 있을까?"

자기 주도성을 발휘하면 불안도 크게 줄어든다. 남이 만든 변화에 휩쓸린다는 느낌이 아니라, 내가 변화를 이끌고 있다는 확신이 생기기 때문이다. 이 확신이 결국, 두려움을 완전히 깨부수는 원동력이 된다.

② 주도적 학습과 행동

하버드비즈니스리뷰(HBR)에서 강조하는 'Self-directed Learning' 개념도 마찬가지다. 남이 만들어놓은 커리큘럼과 지시에만 의존하는 게 아니라, '내 상황과 목표에 맞춰 배울 것을 선택하고, 학습 속도를 조절하고, 성과를 점검'하는 사람이 성과가 훨씬 높다는 것이다.

예를 들어 '이번 달엔 ChatGPT로 마케팅 카피를 써보면서 감을 잡고, 다음 달엔 AI 이미지툴로 웹 디자인에 도전해봐야겠다'와 같이 계획하고, 실천하고, 피드백 받는 과정을 스스로 주도하는 모습이 끝판왕 마인드의 전형적인 사례다.

끝판왕 마인드는 '회복탄력성(Resilience)'이 높다

① 스트레스와 실패에도 금방 일어서는 힘

회복탄력성(Resilience)이란, 시련이나 고난을 만나도 '정상 상태' 혹은 그 이상의 상태로 빠르게 회복하는 능력을 말한다. AI 시대는 변동성이 크고, 그만큼 스트레스와 실패도 잦다. 그런데 끝판왕 마인드를 가진 사람은 '하나의 실패 → 평생의 실패'가 아니라 '하나의 실패 → 오늘의 교훈'으로 받아들이기 때문에 다음 날 또 새로운 시도를 할 수 있는 에너지를 회복한다.

심리학자 보리스 시르닉(Boris Cyrulnik)이나 긍정심리학 연구자들은 '유년기 경험이나 성격보다는, 지금의 인식 변화와 주변 환경의 지지가 회복탄력성에 결정적 영향을 준다'라고 말한다. 즉, 누구나 스스로를 강화할 수 있다는 뜻이다.

② 감정 관리와 자기 위로(Self-compassion)

자신을 혹독하게 채찍질하기만 하는 사람은 반복된 실패에 쉽게 지치거나 좌절한다. 반면, 끝판왕 마인드는 '내가 해냈다면 멋진 거고, 못해도 괜찮다. 다시 시도하면 되지'라는 자기 위로(Self-compassion) 능력을 갖추고 있다.

명상, 감사 일기, 자기 대화 등을 통해 정서적 안정을 찾고, 금세 재기(再起)하는 힘을 기른다. 이런 안정된 감정 상태는 더 과감한 도전과 실험을 가능케 한다.

끝판왕이란 결국, '나'를 가장 잘 다루는 사람

이처럼 끝판왕 마인드의 핵심은 '어떤 환경이나 실패에도 굴하지 않고, 스스로 학습과 행동을 끊임없이 이어가는 태도'라 요약할 수 있다. AI 시대에 불안이 커지는 건 어쩔 수 없는 흐름이지만, 그 불안을 '해결해야 할 문제'로 보고 도전하며, 시행착오를 거쳐 성장하는 사람은 끝판왕이 될 자격을 갖춘 것이다.

① 시행착오를 두려워하지 않는다.
② 성장 마인드셋을 내면화한다.
③ 자기 주도성으로 AI와 변화를 적극 활용한다.
④ 회복탄력성을 통해 실패 후에도 빠르게 일어난다.

이 네 가지가 끝판왕 마인드를 완성하는 네 기둥이다. 지식이나 정보가 부족해서 실패하는 시대가 아니라, 마인드와 태도가 부족해서 도태되는 시대라고 해도 과언이 아니다.

AI 시대, 결국 사람의 마음가짐이 승부처

AI가 발전할수록 기술 격차는 쉽게 좁혀지거나 벌어질 수 있다. 하지만 끝판왕 마인드를 갖춘 사람은, '기술은 계속 변하지만, 내 태도는 변하지 않는다' 하는 강력한 내적 확신을 지니게 된다. 그리고 그 확신이 두려움을 완전히 밀어내고, 무궁무진한 가능성으로 이어지게 된다.

그렇다면 이제 우리가 해야 할 일은, 이 마인드를 현실에서 어떻게 실행하느냐이다. 실제 사례와 간단한 실천법을 통해, 당신이 당장 내일부터도 끝판왕 마인드를 구현할 수 있도록 돕겠다.

'끝판왕'은 멀리 있는 고수가 아니라, 두려움 앞에서도 행동하고, 배움에 즐거움을 느끼는 바로 '나 자신'일 수 있다. 이 한 문장을 기억하길 바란다. AI 시대, 끝판왕이 되는 길에 있어서 가장 큰 관문은 '내 마음가짐'이다.

제3장

초간단 습관, ChatGPT로 10배 성장하기

- 작은 습관이 운명을 바꾸는 시스템이 된다

장래의 일만 걱정하고 있는 자가
현재의 순간만을 걱정하고 있는 자보다
생각이 깊은 것은 아니다.
- Franz Kafka

1

AI 시대, 왜 지금 습관이 더 중요해졌는가?

작은 행동 하나가 인생을 통째로 뒤바꿀 수 있을까?

성공학·자기 계발 분야에서는 오래전부터 습관의 힘을 강조해왔다. 그런데 대부분의 사람들은 "나도 습관이 중요하단 건 알지" 하면서도 정작 습관을 바꾸는 건 쉽지 않다고 푸념한다.

이 장에서는 AI 시대에 맞춰 작은 습관을 어떻게 활용하는지, 특히 ChatGPT 같은 도구를 결합해 어떻게 10배 속도로 성장할 수 있는지를 구체적으로 다루어본다.

사소한 행동이 인생을 지배하는 이유

아주 오래된 베스트셀러들을 살펴보면, 『성공하는 사람들의 7가지 습관』(스티븐 코비), 『습관의 힘』(찰스 두히그), 『아주 작은 습관의 힘』(제임스 클리어) 등 습관 관련 저서들이 꾸준히 사랑받아왔다. 이 책들은 공통적으로 말한다.

> 당신의 일상 속 사소한 행동들이 장기적으로 당신이 얻는 결과의 80~90%를 결정한다.

예를 들어 매일 30분 독서를 하는 사람과 전혀 안 하는 사람의 1년 후 지식 격차는 크게 벌어진다.

AI 시대, 왜 습관이 더 강력해졌나

AI 시대의 변화 속도는 가히 폭발적이다. 그래서 어제의 습관이 오늘의 성공을 가져다주기도 하고, 때론 습관을 빠르게 변경해야 할 필요도 있다. 그런데 습관을 잘 다루는 사람들은, 이 변화가 오히려 더 큰 기회가 된다고 말한다.

AI가 하루가 멀다 하고 업데이트되어도, '새로운 기능 나오면 써보면서 습관화해야지'라며 접근하는 사람은 금세 따라잡고 더욱 발전하는 반면, '괜히 복잡해지는데?'라며 지레 포기하는 사람은 습관의 힘을 못 누리고 뒤처질 가능성이 커진다. 결국, AI 시대에는 일상에 기술을 결합하는 습관을 어떻게 형성하느냐에 따라 평범한 삶과 폭발적 성장의 길이 갈린다.

사례: P 대리의 AI 습관화, 경쟁력으로 자리 잡다

퇴근 전 P 대리는 Microsoft 365 Copilot과 ChatGPT를 활용해 하루

업무를 점검하고 개선점을 분석한다. AI가 업무 진행 상황을 요약하고, 누락된 업무나 비효율적인 반복 작업을 분석해 개선안을 제시하면 이를 통해 우선순위가 높은 업무를 빠르게 처리하고, 다음 날 업무 계획을 최적화하고 있다.

또한 직무 기술서 업데이트, 업무 매뉴얼 자동화, 데이터 입력 최소화 등을 AI로 실현하며 창의적이고 전략적인 업무에 집중할 시간을 확보하고, AI 챗봇과 연동해 팀원들이 필요한 정보를 즉시 찾을 수 있도록 시스템을 구축하고, 업무의 효율성과 협업 능력을 동시에 강화하고 있다.

일부 동료들은 AI 활용에 부담을 느끼지만, P 대리는 AI 습관이 곧 업무 경쟁력이 될 것이라 확신하고 있다. AI 시대에 성공하려면 새로운 기술을 빠르게 습관화해야 하며, 이러한 습관들이 자신의 업무 역량을 지속적으로 향상시키고 있다고 믿는다.

이 직장인의 사례에서 보듯이, 우리는 평상시의 습관이 AI를 만나 기존의 업무 해결 능력으로 처리 시 어려움이 있었던 업무를 스마트하게 처리하는 업무 생활로 바뀌는 모습을 직면하는 시대에 살고 있다.

② 습관은 '루틴'이라는 시스템으로 작동한다

찰스 두히그·제임스 클리어가 강조한 '습관 루프'

찰스 두히그(Charles Duhigg)의 『습관의 힘』은 인간의 습관이 '트리거(자극, Trigger) → 행동(Behavior) → 보상(Reward)'이라는 습관 루프로 돌아간다고 설명한다.

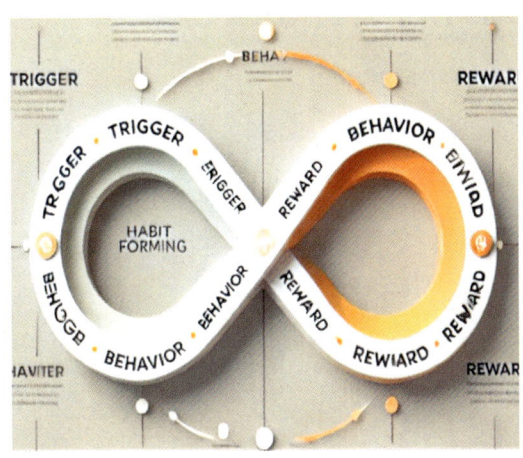

- **트리거**: 습관을 발동시키는 특정 상황·신호.
- **행동**: 실제로 습관으로 행하는 구체적 실행.
- **보상**: 행동 후 느끼는 만족감·쾌감. 결과적 이익이 있어야 습관이 강화됨.

이 루프를 잘 이해하면, 의지만으로 습관을 만들려고 애쓰지 않아도 자연스럽게 반복이 일어난다고 한다.

아주 작은 습관의 힘: 미세 변화가 쌓이면 큰 변화를 만든다

제임스 클리어(James Clear)의 아주 작은 습관의 힘(Atomic Habits) 역시 '작은 행동'을 매일 쌓는 것이 압도적인 결과를 낳는다고 강조한다. 하루 1%의 개선이 1년 뒤면 엄청난 차이를 만들 수 있다는 계산이다.

AI 시대에는 이 원리가 더 직접적으로 적용된다. 매일 5분이라도 ChatGPT를 학습·검색·업무 보조에 활용하는 습관을 들인 사람과, '귀찮아. 그냥 예전 방식이 편해'라며 방치하는 사람은 6개월에서 1년 후 정보력·생산성·아이디어 면에서 이미 격차가 벌어져 있게 된다.

AI 시대, 습관이 운명을 바꾼다는 뜻은?

AI 시대에도 반복 작업은 존재하지만, 과거와 다른 점은 'AI에게 맡길 반복'과 '내가 직접 해야 할 반복', 즉 방치된 반복이냐, 의도된 반복이냐를 선택해야 한다는 점이다.

- **방치된 반복:** 매일 메일 처리, 데이터 입력, 단순 보고서 작성 등을 기계적으로 내가 하면서 피로만 쌓이는 경우.
- **의도된 반복:** 중요한 핵심 업무(창의, 전략, 인간관계)에 집중하고, 나머지는 AI 자동화로 습관화.

이런 의도된 반복이 누적되면, '내가 해야 할 것'에만 집중도와 시간을 쏟을 수 있게 된다. 결과적으로, '인간이 해야 할 고부가가치 일'의 성과가 폭발적으로 올라가게 된다.

미래는 반복적 루틴의 차이가 만든다

AI 기술 자체는 누구나 무료 혹은 저렴한 비용으로 쓸 수 있게 되어가고 있다. 그걸 습관으로 만들고 매일 반복하는 사람이 '초격차 성장'을 이루게 된다.

이를테면 ChatGPT를 이용해 매일 10분씩 영어 회화를 하거나, 하루 1개씩 새로운 'AI 툴'을 테스트하며 업무에 접목하거나, 매일 아침 AI가 요약해주는 뉴스·리포트를 보고 인사이트를 적어두는 것 등이다.

이런 의미 있는 반복이, 1년 후에 '어떻게 저 사람은 저렇게 빨리 적응했지?'라는 결과를 만들어낸다.

사례: B 사원의 이야기, AI와 함께 만든 변화

B 사원은 매일 홍보 문구 하나를 완성하는 데 몇 시간을 쏟으며 점점 지쳐갔다. 단어 하나, 문장 하나를 두고 고민하다 보면 하루가 훌쩍 지나갔고, '이렇게 계속해도 될까?' 하는 생각이 들었다.

그러다 작은 변화를 시도하기 시작했다. 매일 아침 5분, ChatGPT에 홍보 문구 아이디어를 요청하고 수정·보완하는 습관을 들였다. 처음엔 AI의 답변이 어색했지만, 점점 적절한 키워드를 넣고 방향을 조정하는 법을 익히면서 AI와 협업하는 요령이 생기고 그 결과 문구 작성 시간이 1/3로 단축되었다. 남은 시간엔 시장 트렌드 분석과 SNS 브랜딩 전략 공부에 집중했다. 덕분에 팀에서 '아이디어 뱅크'로 불리며 중요한 캠페인을 주도하게 되었고, 승진도 앞당겨지는 결과로 이어졌다.

이제 홍보 문구 작성이 부담이 아니라, AI와 함께 새로운 아이디어를 만드는 즐거운 과정이 되었다. 작은 습관 하나가 큰 변화를 만들 수 있다는 걸 깨달았다. AI 시대, 중요한 건 기술이 아니라 그것을 활용하는 나만의 방식이다.

이처럼 작은 습관이 보상을 가져오고, 그 보상이 다시 습관을 강화하는 선순환이 만들어지면 정말로 인생 궤도가 바뀌는 일이 벌어진다.

작은 습관부터 AI와 결합하라

이제 정말 중요한 건 '실천'이다. 새로운 습관 하나를 단 1주일만 꾸준히 실천해도 생각보다 빠르고 즐거운 변화를 경험할 수 있다.

AI 시대에 '작은 습관이 운명을 바꾼다'라는 말은 단순히 멋진 수사가 아니다. 매일 1%씩 쌓이는 변화가 결국 폭발적인 성장을 만들어낸다는 것은 이미 많은 이들이 증명한 실제 원리다.

처음부터 대단한 걸 하려 하지 않아도 된다. ChatGPT에 매일 아침 5분 동안 오늘 해결할 문제나 아이디어를 물어보고, 그 답변을 업무에 반영해보자. 반복적이거나 비효율적인 업무를 1주일에 하나씩 자동화하는 방법을 시도해보는 것도 좋다. 새로운 기술 뉴스를 하루에 하나씩 정리해 SNS에 포스팅하며 꾸준히 기록하는 습관을 들이는 것도 좋은 출발이다.

중요한 건 거창한 계획이 아니라, 아주 작은 행동 하나부터 시작하는 것이다. 변화는 멀리 있는 게 아니라 바로 오늘의 작은 실천 속에 있다. 이 작은 변화가 쌓이면 어느새 당신은 더 이상 같은 자리에 있지 않을 것이다.

이런 식으로, 작아 보이는 루틴을 일단 반복하기 시작하면 어느 순간 놀라운 결과가 찾아올 것이다.

습관이란, 꾸준함을 담보하는 최고의 시스템

이 책은 약 200페이지에 걸쳐 한 가지 중요한 메시지를 반복해서 강조한다. AI 시대에는 작은 행동 하나가 1년 뒤, 3년 뒤의 당신을 완전히 다른 곳에 데려다줄 수 있는 기회를 제공한다는 것이다.

습관은 그 작은 행동을 멈추지 않고 꾸준히 이어가도록 만들어주는 최고의 시스템이다. 특히 AI 도구, 그중에서도 ChatGPT와 같은 기술과 결합하면 이 시스템은 단순히 개인의 습관에서 그치는 것이 아니라 폭발적인 성장의 촉매제로 작용할 것이다.

이 책의 제3장에서는 '하루 5분 ChatGPT 루틴'이라는, 단순하면서도 강력한 습관 패턴을 어떻게 만들고 확장할 수 있는지에 대해 구체적인 방법을 설명한다.

예를 들어, 아침 5분 동안 ChatGPT에게 오늘 해결해야 할 문제나 아이디어를 물어보는 작은 습관을 시작하고, 이를 바탕으로 업무 자동화, 문제 해결 능력, 창의적 아이디어 생성으로 연결하는 과정을 소개한다.

AI 시대인 지금, '작은 차이가 큰 차이를 만든다'라는 말은 이제 더 이상 단순한 상투적 문구가 아니다. ChatGPT 같은 AI 도구를 활용해 하루 단 몇 분만 나의 루틴을 바꿔도, 어느 날 문득 내 생각, 업무 방식, 심지어 커리어까지 변화한 것을 깨닫게 되는 순간이 올 것이다.

오늘 시작하는 작은 변화가 곧 미래를 만드는 법이다.

3

하루 5분의 루틴이 만드는
초격차 성장

"하루 5분이면, 정말 큰 변화를 만들어낼 수 있을까?"

정답은 "예스!"다. 특히 AI 시대, 그리고 그중에서도 ChatGPT 같은 대화형 챗봇은 극도로 빠른 속도와 직관적인 활용법을 자랑한다. 문제는 대부분의 사람이 어떻게 질문하고 어떤 습관으로 정착할지를 모르거나, 딱 한두 번 써보고 잊어버리는 경우가 많다는 점이다.

여기에서는 하루 5분이라는 초단기 루틴을 통해, ChatGPT를 자신의 학습, 업무, 아이디어 창출 등에 습관적으로 결합하는 방법을 소개한다.

왜 '하루 5분'인가?

많은 사람들이 습관 형성에서 큰 착각을 한다. 큰 목표가 빠른 성과를 만든다고 생각하는 것이다. 하지만 실제로는 그 반대다. 작은 행동이 쌓일수록 지속 가능성이 커지고, 그 작은 변화들이 결국 폭발적인 결과를 만든다.

작을수록 실행 가능성이 높아진다. 제임스 클리어의 『아주 작은 습관의 힘』이나 BJ 포그의 'Tiny Habits' 이론에서 반복적으로 강조하는 핵심이 바로 이것이다.

습관은 작게 시작할수록 실패 확률이 줄고, 지속하기 쉬워진다.

많은 사람들이 '하루 2시간 ChatGPT로 공부하기' 같은 큰 목표를 세우지만, 며칠 지나면 피로감에 시달리며 금세 포기하곤 한다. 반면 '하루 5분만 ChatGPT와 대화해본다'는 부담 없이 누구나 시도할 수 있고, 그 짧은 시간 안에 흥미를 느낄 가능성이 높다. 이렇게 작은 습관은 부담이 없기 때문에 오히려 자연스럽게 확장될 수 있다. 처음엔 5분이던 것이 어느 순간 10분, 20분으로 늘어나는 것은 그리 어려운 일이 아니다.

작은 행동이 쌓여 큰 변화를 만든다

하루 5분은 작지만, 이 작은 시작이야말로 미래의 커다란 변화를 만들어내는 기폭제다. 많은 사람들이 거창한 계획을 세우고 며칠 만에 포기하지만, 5분이라는 작은 목표는 실패할 확률이 낮다. 그리고 그 작은 성공들이 쌓여가면 어느새 놀랄 만한 변화가 눈앞에 펼쳐져 있을 것이다.

오늘 하루 5분을 투자해보자. 그 작은 시간이 쌓여 어느 날 문득, 당신의 커리어와 삶에 큰 변화를 가져다줄 것이다.

변화는 멀리 있지 않다,
오늘 1% 실천부터

아침 5분 질문 루틴

매일 아침, 한 가지 질문만 던지자.
가장 간단한 루틴은 '아침에 ChatGPT에게 한 가지 질문을 한다'이다. 예를 들면 다음과 같다.

- **업무용:** "오늘 진행할 프로젝트 핵심 포인트, 혹은 관련 사례를 알려 줘."
- **학습용:** "내가 어제 정리한 개념이 맞는지 리뷰해줘."
- **아이디어:** "SNS 마케팅 아이디어 3가지만 간단히 주겠니?"

하루에 한 번씩 질문과 답변을 일기장이나 노트 앱에 스크랩해두면 그 자체가 데이터베이스가 되고, 질문 스킬도 점차 늘어난다.

질문 개선(Iterative prompting)

ChatGPT의 진짜 강점은, 답변을 토대로 추가 질문을 계속 이어갈 수 있다는 점이다.

- **초기 질문:** "오늘 재무 분석 리포트를 어떻게 작성하면 좋을까?"
- **추가 질문:** "그중에서도 시장 지표 활용 팁을 더 상세히 알려줄 수 있어?"
- **추가 질문:** "오, 그럼 인포그래픽 예시도 있을까?"

하루 5분이라는 짧은 시간에도 이 상호작용이 꽤 알찬 내용을 끌어낼 수 있게 한다. 루틴에 추가 질문 최소 1회라는 요건을 붙여도 좋다.

ChatGPT 일상 활용 아이디어(5분 루틴)

① 나만의 AI 비서로 만들기

AI는 이미 단순한 도구를 넘어 일상을 도와주는 비서 역할을 할 수 있다. 하루 5분만 투자해도 그 효과는 즉각적이다. 우선 제일 쉽게 적용할 수 있는 3가지를 알아보자.

- **이메일 초안 작성:** 대략적인 키워드나 전달하고자 하는 내용을 주면, ChatGPT가 문맥과 톤에 맞는 자연스러운 이메일 문구를 바로

제안한다.
- **미팅 및 보고서 요약:** 전날 정리한 텍스트를 붙여넣고 3줄 요약이나 핵심 사항 5가지를 요청하면 필요한 정보를 압축해서 쉽게 파악할 수 있다.
- **할 일 리스트 구체화:** 오늘 해야 할 일을 대략 입력하면, ChatGPT가 우선순위와 시간 배분에 대한 현실적인 조언을 해준다. 덕분에 하루가 훨씬 효율적으로 흘러가고 있다.

② '내 안의 코치' 역할

AI는 나의 발전을 돕는 개인 코치가 될 수 있다. 방향을 잃거나 목표를 세우기 막막할 때 AI에게 묻는 것만으로도 문제의 실마리를 얻을 수 있다.

- **목표 설정:** "이번 달 안에 ○○를 달성하고 싶어. 현실적인 플랜 3가지 제안해줘"라고 물어보면, 실행 가능한 계획을 제시해준다.
- **자기 계발 팁:** "하루 30분씩 영어 리스닝을 효율적으로 하는 방법 5가지"를 요청하면 구체적이고 실용적인 방법을 제공한다. 영어에 거부감이 있는 필자에게 가장 효과적인 방법이었다.
- **멘탈 케어:** 지치고 무기력할 때, "지금 내 상황에 맞는 재충전 방법을 알려줘"라고 하면 심리학 기반의 유용한 팁을 얻을 수 있다.

③ 아이디어 뱅크로 활용하기

바쁜 사무직 업무에서 새로운 아이디어나 효율적인 해결책이 필요할 때도 AI는 든든한 브레인스토밍 파트너가 될 수 있다.

- **창의적 브레인스토밍, AI로 더 효과적으로:** 보고서 작성 중 행사 기획, 프로모션 전략, 팀 소통 방법 등 다양한 질문을 ChatGPT에 던지면 예상치 못한 창의적인 아이디어를 얻을 수 있다.

김 대리는 팀 회의에서 신입 직원 온보딩 프로그램 개선 아이디어가 필요했다. 그는 ChatGPT에 직원 교육의 창의적 방법 3가지를 물어봤고, AI가 게이미피케이션, 멘토링 시스템, 인터랙티브 워크숍을 제안했다. 이를 회의에서 공유하자 팀원들에게 좋은 피드백을 받았고, 효과적인 개선안을 빠르게 도출할 수 있었다. AI는 브레인스토밍의 강력한 도구가 될 수 있다.

④ 문장 다듬기, AI로 더 자연스럽고 명확하게

길고 거친 보고서 문구도 ChatGPT를 활용하면 자연스럽고 간결한 문장으로 빠르게 다듬을 수 있다.

박 대리는 매달 부서 보고서를 작성할 때 초안을 ChatGPT에 입력하고 "간결하고 전문적인 톤으로 수정해줘"라고 요청했다. 덕분에 보고서 작성 시간이 단축되었고, 상사로부터 '명료한 보고서'라는 칭찬을 받았다. AI를 활용하면 문장 정리가 더욱 쉽고 효과적이다.

⑤ 경쟁사 분석, AI로 더 빠르고 정확하게

새로운 시장 진출 전략을 고민하던 최 대리는 경쟁사의 강점을 파악하는 데 어려움을 느꼈다.

그러다 ChatGPT를 활용해 "경쟁사의 프로모션 전략을 분석해줘"라고 요청하자, AI가 할인 전략, 인플루언서 마케팅, SNS 캠페인 사례까지 정리해줬다. "고객 리뷰에서 강점과 약점을 분석해줘"라고 하자, 배송 속도·UI는 강점, 가격·AS는 약점이라는 인사이트를 얻었다.

경쟁사의 SNS 트렌드를 분석하니, 짧고 강렬한 영상 콘텐츠가 효과적이라는 결론이 나왔다. 이를 반영해 브랜드 마케팅을 강화했고, 보고서 작성 시간도 절반으로 줄었다. 최 대리는 '아이디어 뱅크'로 인정받으며 AI를 강력한 전략 파트너로 활용하게 되었다.

5

습관을 '보이는 증거'로 만드는 법

루틴을 유지하는 '트리거 → 행동 → 보상' 설정하기

아무리 좋은 습관도 지속하지 않으면 효과를 볼 수 없다. 습관이 자리 잡으려면 '트리거 → 행동 → 보상'의 순환 루프가 필요하다.

다이어트를 위한 작은 습관 루프 만들기

트리거: 자연스럽게 시작하는 신호를 만든다.

직장인인 지연 씨(42)는 건강한 다이어트를 꾸준히 실천하고 싶었지만, 작심삼일이 반복됐다. 운동을 하려 해도 늘 바쁘다는 핑계로 미루기 일쑤였다. 그래서 '트리거 → 행동 → 보상' 루프를 만들어보기로 했다.

먼저, 트리거(습관을 시작할 신호)를 정했다. 아침에 물 한 잔 마신 후, 또는 저녁 식사 후 30분 뒤를 다이어트 행동을 시작하는 신호로 삼았다.

행동: AI를 활용해 가볍게 시작한다.

운동이나 식단 관리가 부담스럽게 느껴질 때, ChatGPT에 간단한 질문을 던지는 것부터 시작했다.

- "오늘 식단에서 개선할 점이 있을까?" → AI가 소금 섭취 줄이기, 단백질 보충 같은 실천 가능한 팁을 제공한다.
- "간단한 10분 스트레칭 추천해줘." → 따라 하기 쉬운 동작을 바로 제안해준다.
- "현재 감량 속도에 맞는 다음 운동 계획은?" → 무리하지 않는 단계별 운동 루틴을 추천받는다.

보상: 작은 성취감이 지속 가능성을 만든다.

- "오! 5분 만에 나한테 딱 맞는 저녁 식단을 찾았네!"
- "오늘 10분 스트레칭만 했는데도 개운해!"

이 작은 성공들을 SNS나 다이어트 노트에 기록하며 자신에게 긍정적인 피드백을 주었다. "오늘은 간단한 스트레칭으로 몸이 한결 가벼워졌어" 같은 짧은 메모만으로도 동기부여가 되고 꾸준히 실천할 힘이 생겼다.

1주일만 해도, 분명 달라진 자신을 만난다. '단 5분으로 무슨 변화가 있겠어?'라고 생각할 수 있지만, 실제로 시도해보면 그 변화를 실감하게 된다.

- **질문력(프롬프트 엔지니어링)이 늘어난다:** 처음엔 단순한 질문에서 시작해 점점 더 구체적이고 복잡한 질문을 던질 수 있게 되며, 이 과정에서 사고력이 확장된다.

- **아이디어와 문제 해결 속도가 빨라진다:** 사소한 업무부터 큰 프로젝트까지 필요한 아이디어가 쏟아지고, 막혔던 문제들도 빠르게 풀리기 시작한다.
- **심리적 확신과 자신감이 커진다:** '나는 AI를 잘 활용할 수 있구나'라는 긍정적인 확신이 생기면 불안감은 줄어들고 자신감은 자연스럽게 올라간다.

단 1주일의 5분 습관으로도 이 모든 변화를 느낄 수 있다. 중요한 것은 크게 시작하는 것이 아니라 작게 시작해 꾸준히 반복하는 것이다. 그 작은 시작이 쌓이면 어느 날 당신의 일상은 완전히 달라져 있을 것이다.

제3장의 다음 내용에서는 하루 5분 루틴을 습관 트래커와 결합해 더 체계적으로 운영하는 방법을 안내한다. '보상' 요소를 강화하고, 나만의 '미니 프로젝트'로 발전시킬 수 있는 아이디어들도 다룰 예정이다.

이제는 습관마저 AI와 함께!

AI 시대에는 하루 5분의 미세 행동이 장기적으로 인생 전체를 바꿀 수 있다. ChatGPT는 누구나 무료 혹은 저렴하게 접근할 수 있는 강력한 조력자이며, 특히 습관으로 정착시키면 그 잠재력이 폭발적으로 드러난다.

'기술은 갈수록 진화하겠지만, 하루 5분의 의지는 내가 만들어낸다.' 지금 이 말을 가슴에 새기고, 바로 오늘부터 아주 작은 습관 하나를 실행해보자. 이 책이 말하는 '끝판왕'의 길이, 생각보다 재미있고 쉽다고 느끼게 될지도 모른다.

습관 트래커와 작은 보상

'이러다 흐지부지될까 걱정되는데… 어떻게 꾸준히 유지할 수 있을까?'
 하루 5분 ChatGPT 루틴을 막 시작한 분이라면, 아마 이런 고민이 들 수도 있겠다. 실제로 새 습관은 대개 첫 일주일 정도는 흥미와 의지로 이어지지만, 그 후로 바쁘거나 귀찮아서 흐지부지되는 일이 잦다.
 여기서는 습관을 견고히 잡아주는 트래커(Tracker) 시스템과, 꾸준함을 부추기는 작은 보상 설계를 다룬다. AI 시대에도 기본인 가시적 기록과 적절한 보상이 습관 정착에 큰 위력을 발휘한다는 사실을 재확인해보자.

왜 기록(Tracking)이 중요한가?

눈에 보이는 '증거'가 행동을 강화한다. 제임스 클리어는 습관 트래커 (Habit Tracker)의 가치를 이렇게 말한다.

> 습관 형성은 보이지 않는 세계에서 벌어진다. 그러다 보니 성취감을 놓치기 쉽다. 하지만 습관을 기록하면, 매일매일 작아 보이는 행동들이 쌓이고 있다는 게 눈에 보이는 증거가 된다.

이 증거가 '아, 나 계속 잘하고 있네'라는 긍정적 피드백을 주어, 습관을 이어가게 만든다.

AI 시대, 오히려 기록이 더욱 쉬워졌다. 과거에는 습관을 기록하려면 수첩에 체크하거나 엑셀 표를 만들어야 했지만, 이제는 앱이나 웹 서비스, 심지어 ChatGPT와 연동해 자동으로 기록할 수도 있다.

- **간단한 방법:** 구글 스프레드시트, 노션(Notion), 트렐로(Trello) 플로우 참조 등 협업 툴로 하루 5분 ChatGPT를 사용한 기록표를 만들어두고, 질문 내용과 간단한 결과를 날짜별로 적는다.
- **자동화 방법:** Zapier·IFTTT 등을 활용해, ChatGPT 대화 내역을 슬랙(Slack)이나 노션으로 자동 전송하고 습관 트래커 채널에 자동으로 업데이트한다.

눈에 보이는 기록이 만들어지면, '아, 이만큼 했구나!'라는 즉각 보상이 생기고, 더 열심히 유지하게 된다.

보상의 힘: 작은 성취감을 놓치지 말라!

"나 그냥 의지로 할게"라고 말하는 경우도 있지만, 심리학적으로 보상이 주어지지 않으면 습관은 오래가기 힘들다. 특히, 처음 시도하는 습관일수록 작더라도 즉각적 보상이 중요하다.

① 내부 보상(Internal Reward)

'아, 난 오늘도 해냈구나!' 하는 자기만의 만족감이다. '나는 매일 ChatGPT 쓰는 유능한 사람'이라는 긍정적 자기 정체성이 확립된다. 하루 일과를 끝내고 트래커를 보며 체크 표시만 해도, 뇌가 작지만 확실한 보상을 느낀다.

② 외부 보상(External Reward)
- **SNS 공유:** "오늘은 ChatGPT로 이런 아이디어 뽑아봤다" 식으로 짧게 후기를 쓰고, 지인들의 반응(좋아요, 댓글)으로 기분이 좋아진다.
- **파티션 설정:** 1주일 연속 실천에 성공하면, '주말에 내가 좋아하는 맛집 가보기'처럼 작지만 기분 좋은 보상을 나에게 준다.
- **팀·동료와 함께:** 회사나 스터디 그룹에서 함께 트래커를 공유하며, 서로 칭찬하고 격려하면 지속할 확률이 더 올라간다.

이렇게 작은 보상의 누적이 만든 습관을 최적화하자. 습관이 자리 잡으면, '이거 5분이 아니라 10~15분 해보고 싶다!' 하는 식으로 자연스럽게 확장되는 시점이 온다. 이때 보상을 조금씩 업그레이드해보면 좋다.

6
나만의 AI 습관 시스템 설계하기

5분에서 10분으로 늘리기

ChatGPT에 더 깊이 있는 질문을 해보고, 답변을 정리·응용하는 과정에 도전한다. 보상은 '일주일간 10분씩 성공 시 ○○를 해본다' 식으로 설정한다.

① 새로운 영역 접목

2주간 SNS 글 하루 1개 작성이라는 습관과 결합해보는 것도 가능하다.

② 리포트나 프로젝트로 발전

매일 트래킹한 내용을 모아, 한 달 후 ChatGPT 활용 아이디어 리포트 작성 혹은 AI 학습 체험기 블로그 연재 등으로 발전시킨다. 이 과정에서 자기 브랜드 가치를 높이고 직무 성과까지 올릴 수 있다.

이렇게 계속 단계별 보상을 설계하면 본인도 모르는 새 습관이 풍성하게 자라나며, 언제부턴가 'AI 없는 업무가 불편해!'라고 느끼는 수준이 된다. 한 달 후에는 완전히 달라진 나를 만날 수 있다.

습관 트래커와 작은 보상을 제대로 결합해 '하루 5분 ChatGPT 루틴'을 한 달만 실천해도, 무시 못 할 변화를 맛볼 수 있다. 질문력(프롬프트 엔지니어링)이 놀라울 정도로 향상되어, 어떤 질문을 해야 좋은 답을 얻는지에 대한 감각이 생긴다. 하루 5분짜리 프로젝트가 어느새 피부에 와닿을 정도로 일상·업무 효율을 바꿔놓게 된다.

기록을 모아보면, '와, 한 달 사이에 이만큼의 아이디어와 작은 실행을 했구나!'라는 자기 확신이 쌓인다.

습관은 트래킹과 보상이 만나면 꽃핀다

AI 시대에는 즐길 거리가 많고, 반대로 방해 요인도 많다. 단 한 번의 의지와 결심으로는 길게 이어가기 어렵다. 그래서 기록(Tracking)과 작은 보상(Reward)이 필수다.

'내가 진짜로 변하고 있구나'라는 시각적·정서적 만족을 얻을 때, '우리는 더 해볼까?'라는 성장 에너지를 자연스럽게 느끼게 된다.

대단한 결심이 아니라, 작은 루틴과 작은 보상의 축적이 습관을 만든다. 지금 바로 1~2주만 시도해보자. 기록을 남기고, 작게라도 자신에게 선물을 하면서 지속하다 보면 어느새 '나도 몰랐던 나'를 발견하게 될 것이다.

시스템 코칭 습관을 만들고, 동기부여를 할 수 있는 사람을 찾는다. 5분 습관을 다시 설정한다!

① 나의 바람직한 모습을 설정한다.
② 그 모습을 만들고 싶은 구체적인 이유를 생각해본다.
③ ChatGPT를 통해 비슷한 모델링 사람 혹은 사례를 찾는다.
④ 나만의 차별화된 능력을 찾아본다.

제4장

자신의 브랜드를 업그레이드하라

- AI 시대, 당신의 브랜드 경쟁력은 무엇인가

당신의 브랜드는 사람들이 당신이 없는 곳에서
당신에 대해 말하는 것이다.
- Jeff Bezos

1

당신의 이름,
가장 강력한 브랜드가 되다

누군가에게 "당신은 어떤 사람인가요?"라는 질문을 받았을 때, 우리는 흔히 직업이나 맡고 있는 역할, 또는 자신의 취향 등을 이야기하곤 한다. 그런데 이것이 곧바로 '나의 브랜드' 혹은 '나만의 고유 가치'를 설명해주지는 않는다. 우리는 '개인'이면서 동시에 '브랜드'가 될 수 있고, 또 그렇게 되어야만 하는 시대를 살아가고 있다.

'퍼스널 브랜딩(Personal Branding)'이라는 말이 아직은 낯설거나, SNS와는 별로 관련이 없다고 생각하는 분들도 많을 것이다. 그러나 자신의 이름이 곧 영향력이나 경쟁력이 될 수 있는 세상에서는, 이 개념을 알고 적극 활용하는 것이 더 이상 선택이 아니라 필수가 되어가고 있다. 실제로 자영업자나 프리랜서뿐 아니라 일반 직장인, 전문직 종사자, 심지어 공무원까지도 퍼스널 브랜딩을 통해 자신의 가치를 더욱 높이고, 일과 삶에서 만족도를 높이는 사례가 늘어나고 있다.

이번 장에서는 퍼스널 브랜딩의 정의와 함께, 특히 지금처럼 빠르게 변화하는 AI 시대를 맞이하여 우리가 어떻게 자기 자신을 차별화하고 더 나아가 브랜드의 가치를 확장해갈 수 있는지 살펴보려 한다. 또한 실제 사례를 통해 퍼스널 브랜딩이 '남의 이야기'가 아니라 누구나 시도해볼 수 있는 현실적인 방법임을 느낄 수 있도록 돕고자 한다.

퍼스널 브랜딩(Personal Branding)이란 말 그대로 개인이 자신을 하나의 브랜드로 삼아 고유한 가치와 차별점을 확립하고, 이를 효과적으로 알리는 과정을 의미한다. 과거에는 대중 스타나 연예인, 정치인 등 극소수만 자신을 '브랜드화'해야 한다고 생각했지만, 현대에는 SNS가 발달하고 저마다의 전문성이 부각되면서 누구나 퍼스널 브랜딩을 통해 자신의 영향력을 키울 수 있게 되었다.

우리는 이미 회사나 제품을 떠올릴 때, 각자의 이미지나 특징을 아주 짧은 단어나 느낌으로 정리하는 습관이 있다. 예컨대 어떤 기업 하면 '혁신', 다른 기업 하면 '안전', 또 어떤 기업 하면 '감성'이라고 떠올리는 것이다. 이러한 브랜드 이미지가 곧 경쟁력이고, 사람들에게 회사(또는 제품)를 선택할 이유를 만들어주는 요소다.

개인에게도 마찬가지 원리가 작동한다. 어떤 사람을 떠올렸을 때 곧장 연상되는 가치나 이미지, 평판이 곧 그 개인의 퍼스널 브랜드라 할 수 있다. 예를 들어, 다음과 같은 표현이다.

"김 과장님은 해결사 스타일이야. 복잡한 문제를 아주 효율적으로 정리해서 내놓거든."

"박 대리님은 사내에서 발표를 제일 잘해. 그 사람이 프레젠테이션하면 경영진들도 다 집중하잖아."

"이 부장님은 인간미가 넘쳐. 어려운 일 있으면 언제든지 도움을 주시

니까."

사람들이 당신을 어떻게 기억하는가, 어떤 강점과 이미지를 떠올리는가는 곧 당신의 브랜드가 어디에 서 있고, 앞으로 어떤 방식으로 성장할 여지가 있는지를 보여준다.

누구나 브랜드가 되는 시대, 퍼스널 브랜딩은 생존 전략이다

퍼스널 브랜딩은 비단 자영업자나 프리랜서, 혹은 SNS 인플루언서들에게만 필요한 것이 아니다. 오히려 뚜렷한 차별화를 만들기가 더 어려운 일반 직장인들에게 더욱 절실한 전략이다.

직장이라는 울타리 안에서 '나'는 대개 팀명, 직급, 업무 분야 같은 외적 요소로 정의된다. 하지만 부서 이동이나 새로운 프로젝트에 투입되면 이전에 쌓아온 평판이나 인맥은 금세 잊히기 쉽다. 그렇기 때문에 개인이 '어떤 가치를 제공하는 사람인지', '함께 일할 때 어떤 시너지를 만들어내는지'에 대한 구체적이고도 긍정적인 이미지를 구축하고, 이를 조직 안팎으로 일관되게 드러내는 작업이 더욱 중요해졌다.

게다가 지금은 누구나 SNS나 온라인 커뮤니티를 통해 자신만의 관점과 경험을 공유할 수 있는 시대다. 많은 기업과 조직들도 이러한 개인의 온라인 영향력과 인사이트를 또 하나의 경쟁력으로 인정하고 있다.

직장인이든 아니든 퍼스널 브랜딩은 더 이상 선택이 아닌 새로운 기본이자 생존 전략이 되고 있다.

퍼스널 브랜딩 체크리스트

나는 지금, 나의 가치를 잘 드러내고 있는지 확인해보자.

> ☐ 나는 나를 잘 설명할 수 있는 핵심 키워드 3가지를 갖고 있다.
> ☐ 내 일하는 방식이나 강점이 다른 사람에게 명확하게 전달된 적이 있다.
> ☐ 내 경험이나 인사이트를 기록하거나 공유하는 채널(예: SNS, 블로그, 사내 게시판 등)이 있다.
> ☐ 나만의 말투나 콘텐츠 스타일을 꾸준히 유지하고 있다.
> ☐ 피드백을 요청해본 경험이 있고, 그 내용을 바탕으로 나를 객관화해본 적이 있다.
> ☐ 나에 대해 떠오르는 이미지가 주변 사람들 머릿속에 자연스럽게 떠오를 정도다.
> ☐ 업무나 관계 속에서 나만의 시그니처(예: 표현 방식, 발표 스타일, 소통 태도 등)를 만들고 유지 중이다.
> ☐ 새로운 프로젝트나 사람들과 일할 때도 내 브랜드가 자연스럽게 드러난다.
> ☐ 내 브랜딩이 직장 안팎에서 연결되고 있다고 느낀 적이 있다.
> ☐ 퍼스널 브랜딩은 내게 '부담'이 아니라, '기회'라고 느껴진다.

☑ 8개 이상: 이미 당신은 퍼스널 브랜딩을 실천하고 있다. 지금의 방향을 지속적으로 강화해보자!

☑ 5~7개: 브랜드의 기반은 잘 마련되어 있다. 이제는 조금 더 의도적으로 나를 표현해보는 단계로 나아가보자.

☑ 4개 이하: 지금이 시작할 때다. 작고 구체적인 실천부터 하나씩 시도해보자. 브랜드는 '꾸준한 표현'에서 시작된다.

②

AI 시대, 무엇이 당신을 특별하게 만드는가

AI 기술이 급속도로 발전하면서 많은 직업과 업무가 재편되고, 기존에 인간이 담당하던 영역의 일부가 기계와 알고리즘으로 대체되고 있다. 이러한 시대적 흐름 속에서, 우리는 스스로에게 다음과 같은 질문을 던져야 한다.

'AI가 대체할 수 없는 나만의 강점과 가치는 무엇인가?'

'세상에서 나를 오직 이름만 들어도 알 수 있는 차별화된 존재로 만들려면 어떻게 해야 할까?'

퍼스널 브랜딩은 바로 이 질문들에 대한 답을 찾는 과정이라 할 수 있다. AI 시대에는 이름과 Reputation(평판), 그리고 관계망이 중요한 무형 자산으로 떠오르고 있다.

AI 시대를 위한 퍼스널 브랜딩의 핵심

퍼스널 브랜딩을 구축하기 위해 가장 먼저 해야 할 일은 스스로를 객관화해보는 것이다. 또한 AI 시대에 살고 있는 우리는 단순히 '내가 뭘 잘하나?'만 보는 것이 아니라, 환경(시장, 업계, 직장), 경쟁력, 그리고 관계성을 종합적으로 고려해야 한다.

이번 장에서 제안하는 퍼스널 브랜딩 설계의 핵심 키워드는 다음과 같은 흐름으로 정리할 수 있다.

- **환경 분석:** 내가 속한 환경은 어떻게 변화하고 있는가? (산업계, 회사, 트렌드, 시장 동향 등)
- **강점 분석:** 나의 강점은 무엇이며, 어떤 부분에서 AI나 동료들과 차별화를 이룰 수 있는가?
- **경쟁력 분석:** 나의 강점을 어떻게 업그레이드할 수 있으며, 경쟁 사회에서 살아남을 수 있는 무기는 무엇인가?
- **관계성:** 이런 강점과 경쟁력을 다양한 사람들과 어떻게 연결하여 협력과 시너지를 창출할 것인가?

인간만이 지닌 감성과 통찰력, 그것이 진짜 무기

AI가 제공하는 방대한 데이터와 자동화 도구는 환경과 시장을 더욱 빠르고 정확하게 파악하는 데 도움을 준다. 하지만 확실하게 차별화된 브랜드와 가치는 결국 '인간다움', '독창성', '관계'에서 나온다. 이것이 AI 시대에 퍼스널 브랜딩이 더욱 중요한 이유다.

3

브랜드를 설계하는
네 가지 프레임

　퍼스널 브랜딩은 단순히 SNS에 멋진 프로필 사진을 올리거나 자신의 이력과 성과를 자랑하는 것이 아니다. 오히려 하나의 종합예술에 가깝다. 이제 퍼스널 브랜드 구축을 위한 네 방향 탐색에 대해 구체적으로 살펴보도록 하자.

환경 분석: 시대와 변화의 흐름 읽기

　퍼스널 브랜딩을 효과적으로 구축하려면 먼저 '나의 활동 무대가 어떻게 변화하고 있는지 인식해야 한다.
　현재 내가 속한 업계나 직장에서 어떤 기술과 역량이 주목받고 있는가? AI와 디지털 전환(Transformation)으로 인해 새로운 직무나 협업 방식이 등장하고 있는가? 조직 내에서 점점 더 필요해지는 역량은 무엇이며, 반대로 점차 사라져가는 역량은 무엇인가?

이러한 질문을 통해 나의 역량과 브랜드를 어떤 방향으로 발전시켜야 할지에 초점을 맞출 수 있다. 예를 들어, 디지털 마케팅 분야에서 일하는 직장인이라면 'AI가 제공하는 데이터를 해석하고 이를 창의적으로 마케팅 전략에 적용하는 능력'이 중요한 강점이 될 수 있음을 인지해야 한다. 반면, 전통적인 엑셀 계산이나 단순 리포트 작성 업무는 자동화될 가능성이 크다.

이처럼 환경을 분석하는 과정은 새로운 기회를 발견하는 동시에 사라질 역할을 미리 예측함으로써 퍼스널 브랜딩의 방향을 설정하는 데 중요한 기준이 된다.

강점 분석: 내가 잘하는 것, 좋아하는 것, 의미 있는 것

퍼스널 브랜딩에서 가장 중요한 것은 '내가 누구인지'를 제대로 아는 것이다. 이를 위해 다음 세 가지 요소를 균형 있게 살펴보는 것이 중요하다.

- **잘하는 것:** 내가 비교적 쉽게 해낼 수 있고, 남들보다 빠르게 습득하는 역량이나 지식.
- **좋아하는 것:** 열정을 갖고 몰입할 수 있으며, 시간이 지나도 재미와 흥미가 식지 않는 분야.
- **의미 있는 것:** 나 자신뿐만 아니라 다른 사람에게도 도움이 되며, 사회적 가치를 제공할 수 있는 일.

이 세 가지가 겹치는 지점에 가장 강력한 나만의 '강점 브랜드'가 자리 잡는다. 특히 AI 시대에는 독창적인 시각, 인간적인 감성, 그리고 복합적인 문맥 이해력이 점점 더 중요한 가치로 떠오르고 있다. AI가 쉽게 대체하지 못하는 영역, 즉 인간의 고유한 역량이 빛을 발하는 분야를 나의 강점으로 구축하면 향후 경쟁력이 더욱 강화될 것이다.

경쟁력 분석: 차별화된 전문성 갖추기

퍼스널 브랜딩이란 결국 '왜 당신이어야만 하는가?'에 대한 답을 만들어 가는 과정이다. 나와 비슷한 업무나 경력을 가진 사람이 많을수록, 나만의 차별점을 명확히 하는 것이 브랜드 가치를 높이는 핵심이 된다.

내가 가진 지식이나 기술 중에서 AI를 활용하면 더 업그레이드할 수 있는 부분은 무엇인가?

내가 가진 강점을 회사나 시장이 꼭 필요로 하는 방식으로 재구성할 수 있을까?

다른 사람들이 미처 개발하지 못한 새로운 역량을 어떤 식으로 구축할 수 있을까?

예를 들어, IT 기술에 대한 이해도를 바탕으로 스토리텔링 역량을 결합한 마케팅 전문가가 될 수도 있고, 데이터 분석 능력에 감성적 소통 역량을 더해 고객과 깊은 신뢰를 쌓는 컨설턴트로 자리매김할 수도 있다.

이처럼 경쟁력 분석은 다양한 역량을 융합하고 재구성함으로써 나만의 차별점을 만들어가는 창의적 과정이다.

관계성 분석: 협업과 네트워킹으로 가치 확장하기

마지막으로, 퍼스널 브랜딩이 진정한 영향력을 갖기 위해서는 '관계'라는 무형의 자산이 필요하다. 사람들의 기억 속에 브랜드가 형성되며, 그 기억은 결국 신뢰로 이어진다.

조직 내부에서는 동료, 상사, 팀원과의 협업을 통해 자신의 강점이 실제 성과로 이어지는 모습을 보여줄 수 있다. 단순한 업무 협조를 넘어, '이 사람이 있으면 팀이 달라진다' 하는 인식이 쌓일 때 비로소 이름이 브랜드로 작동하기 시작한다.

조직 밖에서는 SNS, 커뮤니티, 오프라인 네트워킹 등을 통해 자신의 전문성과 가치를 더 넓은 세상에 알릴 수 있다. 특히 AI 시대에는 기술적 역량만으로는 차별화에 한계가 있다. 오히려 인간적인 연결, 신뢰감, 진심 어린 공감이 브랜드에 생명력을 불어넣는다.

아무리 뛰어난 능력을 갖췄더라도, 혼자만의 힘으로는 브랜드가 되기 어렵다. 나의 강점을 알아보고 함께 협력하며 성장하는 관계 속에서 퍼스널 브랜딩은 더욱 깊어지고 넓어진다. 사람들이 "그 사람은 우리 팀, 우리 조직, 이 시장에서 꼭 필요한 인재야"라고 말할 수 있을 때, 퍼스널 브랜딩은 단순한 이미지가 아니라 사람들의 기억에 남는 실체로 자리 잡게 된다.

브랜드 설계 4가지 프레임 체크리스트

나는 지금 얼마나 입체적으로 나를 브랜드화하고 있는지 다음 네 가지 방향에서 자신을 점검해보자.

환경 분석: 시대와 변화의 흐름 읽기
- ☐ 업계와 직무에서 주목받는 기술·역량을 알고 있다.
- ☐ 조직에서 점점 중요해지는 역량과 사라지는 역량을 인식하고 있다.
- ☐ AI·디지털 전환이 내 업무 방식에 어떤 영향을 주는지 이해하고 있다.
- ☐ 새로운 직무나 협업 방식에 관심을 갖고 탐색하고 있다.
- ☐ 자동화될 수 있는 업무에서 벗어나려는 전략을 고민한 적 있다.
- ☐ 브랜드 방향성을 환경 변화에 맞춰 조정하려 한다.
- ☐ 트렌드 리더나 콘텐츠를 꾸준히 팔로우한다.

강점 분석: 잘하는 것, 좋아하는 것, 의미 있는 것
- ☐ 내가 비교적 쉽게 익히고 잘하는 일이 무엇인지 명확히 알고 있다.
- ☐ 몰입하며 즐길 수 있는 일이 있다.
- ☐ 좋아하는 분야에서의 경험을 지속적으로 쌓고 있다.
- ☐ '이 일은 나답다' 하는 느낌을 주는 일이 있다.
- ☐ 나의 일이 누군가에게 도움이 되었다는 경험이 있다.
- ☐ 강점이 사회적 가치와 연결된다고 느낀다.
- ☐ AI가 대체할 수 없는 인간적인 강점을 인식하고 있다.

경쟁력 분석: 차별화된 전문성 갖추기
☐ 나의 차별화 포인트가 무엇인지 알고 있다.
☐ 내 역량에 AI나 디지털 기술을 결합할 가능성을 생각해본 적 있다.
☐ 융합형 역량(예: 기술 + 감성)을 조합해본 경험이 있다.
☐ 시장이 원하는 문제 해결력을 내 강점으로 연결하고 있다.
☐ '왜 나인가'에 답할 수 있는 스토리가 있다.
☐ 현재 역량을 심화하기 위한 학습을 진행 중이다.
☐ 기존 방식을 벗어난 나만의 시도를 해본 적 있다.

관계성 분석: 협업과 네트워킹으로 가치 확장하기
☐ 동료와 상사가 나의 강점과 스타일을 인식하고 있다.
☐ 협업을 통해 긍정적인 영향을 주었다는 피드백을 받은 적 있다.
☐ "그 사람이 있으면 다르다"라는 말을 들어본 적 있다.
☐ 조직 안팎의 커뮤니티에서 나의 전문성이 인식되고 있다.
☐ SNS나 모임을 통해 생각과 가치를 전달하고 있다.
☐ 관계 형성 시 진심과 신뢰를 중요하게 여긴다.
☐ 나를 떠올리면 자연스럽게 특정 이미지나 키워드가 함께 따라온다.

☑ **24개 이상**: 입체적으로 브랜드를 설계하고 실행 중이다. 나만의 방향성과 영향력을 지속적으로 강화할 수 있는 단계에 있다.

☑ **18~23개**: 브랜드 기반이 잘 잡혀 있고, 더 확장 가능한 상태다. 지금의 기반 위에 구체적인 표현 전략을 추가해보자.

☑ **12~17개**: 브랜드화의 핵심 요소는 갖췄지만, 연결과 표현력이 부족할 수 있다. 자신을 더 자주, 더 명확히 드러내는 연습이 필요하다.

☑ **11개 이하**: 지금이 바로 퍼스널 브랜딩을 시작해야 할 타이밍이다. 환경 이해, 강점 인식, 관계 확장부터 하나씩 실천해보자.

④
퍼스널 브랜딩의 리얼 여정

이제 이론적 개념을 넘어, 실제 현장에서 퍼스널 브랜딩을 통해 삶에 긍정적인 변화를 만들어낸 사례를 살펴보려 한다. 특히, 30~50대 독자들이 '아, 나도 해볼 수 있겠는데?'라며 공감할 만한 구체적인 이야기들을 다룰 예정이다.

사례 1: 제조업 회사의 '평생 개발자'에서 사내 AI 전도사로(40대 중반, 남성)

김호진(가명) 씨는 국내 중견 제조업체에서 20년 넘게 근무한 베테랑 개발자다. 주로 특정 기계 장비의 유지보수 소프트웨어를 담당하며, 회사에서 '없으면 곤란하지만, 혁신적인 성과를 내는 업무는 아닌' 부서에 속해 있었다.

그러던 중, 사내에서 진행된 'AI 기초 교육'을 접하며 새로운 가능성을 발견했다. 마침 회사는 제조 공정에 IoT와 AI 기술을 결합해 불량률을 낮추는 프로젝트를 추진하고 있었으나, 내부에 AI 관련 전문성을 갖춘 인력이 부족한 상황이었다. 이를 기회로 삼은 김 씨는 AI를 독학하기 시작했고, 사내 스터디 모임을 조직해 동료들과 함께 머신러닝의 기본 개념을 익했다.

하지만 그는 단순히 기술을 익히는 데에만 그치지 않고, 사내 커뮤니티(게시판, 메일링 리스트 등)에 정기적으로 공부한 내용을 공유하고, 실제 작업 현장에 적용할 수 있는 아이디어를 제안했다. 이런 과정에서 '기존 장비 유지보수 전문가'라는 그의 강점이 AI 이해와 결합되어, 현장의 문제점을 더 정확히 파악하고, 실무 적용 가능한 솔루션을 제시할 수 있었다.

결국 회사 내부에서는 김 씨를 '사내 AI 전도사'라고 부르기 시작했고, 점차 프로젝트의 핵심 멤버로 합류시키게 되었다. 자신을 'AI + 현장 개발'이라는 차별화된 브랜드로 포지셔닝한 덕분에 회사 내에서의 영향력은 물론, 대외적으로도 비슷한 주제의 세미나와 포럼에 초청받아 발표를 할 정도로 성장했다.

이 사례는 40대 중반이라는, 변화에 적응하기 쉽지 않은 나이에도 불구하고 '환경 분석(제조업 AI 트렌드) + 강점 분석(오랜 현장 개발 노하우) + 새로운 경쟁력 확보(AI 학습) + 관계성(사내외 공유와 협업)'을 통해 성공적으로 퍼스널 브랜딩을 이룬 사례라 할 수 있다.

사례 2: 경력 단절 후 SNS 기반 커뮤니티 리더가 되다 (30대 후반, 여성)

이정아(가명) 씨는 육아로 인해 경력이 단절된 지 5년이 되었다. 과거에는 홍보 대행사에서 콘텐츠 기획 업무를 했으나, 오랜 공백기로 인해 재취업을 시도해도 큰 성과가 없었다.

그러던 중, 육아 정보를 교환하던 온라인 모임에서 '마을 경제 활성화'를 목적으로 하는 작은 SNS 커뮤니티를 직접 운영해보라는 제안을 받았다. 이 씨는 과거 홍보 대행사에서 쌓은 경험을 되살려 지역 상점과 주민들을 연결하는 SNS 채널을 꾸리고, 주말에는 동네 시장에서 열리는 플리마켓 이벤트를 홍보하면서 사람들에게 참여를 독려했다.

이 과정에서 AI 기반의 SNS 분석 툴(무료 버전)을 사용해, 어느 시간대에 가장 참여가 활발하고 어떤 유형의 게시물에 좋아요와 댓글이 많이 달리는지 꼼꼼히 살폈다. 그리고 일정 주기를 두고 시장 상인들과도 협업 미팅을 가지면서, 주민들이 원하는 이벤트나 제품 할인 정보를 함께 기획해나갔다.

그 결과 몇 개월 만에 그녀가 운영하는 SNS 커뮤니티는 3,000명 이상의 구독자를 확보했고, 지역 상권 활성화에도 큰 기여를 하게 되었다. 자연스럽게 지역 신문과 잡지에 인터뷰가 실렸으며, 이후에는 지역 내 소규모 창업 지원 사업과 마케팅 강의 요청을 받으며 '지역 커뮤니티 마케터 겸 리더'로 자리 잡았다.

경력 단절이라는 불리한 조건 속에서도, 자신의 기존 강점(콘텐츠 기획 능력), AI 분석 툴을 활용한 트렌드 파악, 관계성(지역 상인 및 주민과의 협력)을 잘 결합해 퍼스널 브랜딩을 만들어낸 좋은 사례이다.

사례 3: 내성적인 베테랑 영업자, 스토리텔링 코치로 거듭나다 (50대 초반, 남성)

박민우(가명) 씨는 50대 초반으로, 모 금융회사에서 25년 넘게 영업 업무를 담당해왔다. 숫자나 상품 스펙 설명에는 능숙했지만, 경쟁이 치열해지면서 회사는 더 세련되고 창의적인 세일즈 방식을 요구했다. 게다가 온라인 채널이 대세가 되어가며, 서류나 구두 설명 중심이었던 기존 영업 방식은 고전할 수밖에 없었다.

박 씨는 처음에 '나는 디지털 환경에 약하니 어쩔 수 없다'라고 생각했지만, 우연히 유튜브에서 '스토리텔링을 통한 세일즈 전략' 강의를 접하고 큰 영감을 받았다. 이후 그는 사내 교육 프로그램을 자발적으로 찾아 듣고, 자신만의 영업 스토리텔링 템플릿을 만들었다. 금융 상품의 딱딱한 정보를, 고객이 '삶의 문제와 해결책' 차원에서 이해할 수 있도록 각색한 것이다.

한 걸음 더 나아가 그는 AI 문장 생성 툴(챗봇 형태)을 활용해, 기존 고객들이 많이 물어보는 질문들에 대한 여러 가지 시나리오 답변을 미리 만들었다. 예를 들어 '퇴직 후 자금 운용'에 대해 고객이 어떤 상황에 처했는지 시뮬레이션하고, 스토리텔링식 상담을 할 수 있도록 했다.

그 결과 박 씨의 영업 성과는 꾸준히 상승했고, 무엇보다 고객들로부터 "설명을 알아듣기 쉬웠다", "인생 상담을 받은 느낌"이라는 피드백을 받았다. 회사 내에서 그는 '영업 스토리텔링 코치'로 불리며 후배 영업사원들을 위한 스토리텔링 교육 세션을 진행하고 있다. 특히 '오래된 영업 방식과 최신 AI 기술을 접목한 독창적인 브랜드'를 구축했다는 점에서 더욱 주목받고 있다.

AI 시대에도 인간적인 연결을 바탕으로 경쟁력을 확장할 수 있음을 보여주는 사례이다.

⑤ 퍼스널 브랜딩, 이렇게 시작하자

앞의 사례들이 보여주듯, 퍼스널 브랜딩은 이제 특정 직군이나 SNS 스타들에게만 필요한 것이 아니라 일반 직장인부터 경력 단절자, 중장년층까지 누구나 자신의 강점을 찾고 더 나은 삶을 설계하기 위해 활용할 수 있는 전략이다. 그렇다면 어떻게 시작하면 좋을까?

- **나만의 목표와 방향 설정:** 막연히 '유명해지고 싶다'라는 욕망만으로는 오래 지속하기 어렵다. 퍼스널 브랜딩의 궁극적인 목적을 보다 구체적으로 설정하는 것이 중요하다. 예를 들어, '회사에서 나만의 경쟁력을 확보하고 승진 기회를 잡겠다', '지역 사회나 특정 분야에서 인맥을 넓히고 프로젝트를 주도하고 싶다'와 같이 명확한 목표를 세우는 것이 출발점이 된다.
- **작은 실천부터 시작:** 처음부터 SNS 팔로워 수만 명을 목표로 할 필요는 없다. 사내 게시판에 글을 올려보거나, 동료들과 작은 스터디 모임을 운영하는 것처럼 일상 속에서 실천 가능한 작고 구체적인 시도부터 시작하는 것이 효과적이다.

- **AI 도구 적극 활용:** AI를 활용하면 환경 분석, 강점 파악, 콘텐츠 제작 등 다양한 영역에서 도움을 받을 수 있다. 글쓰기가 어렵다면 AI 챗봇을 활용해 초안을 작성해보고, 자료 수집이나 통계 분석이 필요하다면 AI 분석 도구를 활용해보는 것도 좋은 방법이다.
- **피드백과 기록:** 퍼스널 브랜딩은 한 번으로 끝나는 것이 아니라, 지속적인 관리와 업데이트가 필요한 과정이다. 주변에서 받는 피드백을 꼼꼼히 살피고, 자신의 성장 과정을 기록하며 다음 단계로 나아갈 방향을 고민해야 한다.

혼자 고민하기보다 사람들과 협업하고 공감대를 형성하는 것이 중요하다. 사내 팀, 외부 네트워킹 모임, 온라인 커뮤니티 등을 적극 활용해 자신을 알리고, 다양한 피드백을 받으며 브랜드를 더욱 발전시켜나가자.

AI 시대가 열어준 새로운 기회 속에서 우리는 끊임없는 변화와 경쟁을 마주하고 있다. 과거에는 '하나의 직업'이 평생을 좌우했다면, 이제는 '무엇을 잘하고, 어떻게 차별화하며, 누구와 협업하는가'가 더 중요한 시대가 되었다.

퍼스널 브랜딩은 겉보기에 복잡해 보일 수 있지만, 본질은 의외로 단순하다. 그것은 바로 '나 자신을 깊이 이해하고, 그 진정성을 바탕으로 주변과 교감하는 과정'이다.

내 이름이 하나의 브랜드가 되어 삶에 긍정적인 변화를 만들어낼 수 있다면 그것은 만족감과 자부심을 높이는 것은 물론, 앞으로 맞이할 수많은 도전과 기회를 더 당당하고 주체적으로 받아들이는 힘이 되어줄 것이다.

이 책에서 소개하는 다양한 사례와 개념들이 독자 여러분께 작은 영감을 줄 수 있기를 바란다. 내 이름이 하나의 브랜드가 되고, 그 이름이 세상에 가치를 더한다는 것은 분명 의미 있고 멋진 일이다. 변화는 지금 이 순간에도 계속되고 있다. 나만의 브랜드를 발전시키고, 삶을 한 단계 더 성장시킬 수 있는 퍼스널 브랜딩의 여정을 지금 시작해보자.

우리가 스스로를 믿고, 고유한 가치에 AI 기술 활용, 협업, 그리고 적극적인 관계 맺기를 더한다면, 누구나 예상보다 훨씬 빠르게 자신만의 독보적인 브랜드를 구축할 수 있다.

이제까지 제4장에서는 퍼스널 브랜딩의 의미, 전략, 그리고 실행 방안을 살펴보았다. 퍼스널 브랜딩은 거창한 계획이 아니라, 지금의 나를 이해하고, 나만의 방식으로 세상과 연결되는 실천이다. 완벽한 준비보다 중요한 건, 작게라도 먼저 시도해보는 용기다.

지금 사내 게시판에 글 한 줄을 올리거나, 팀 회의에서 자신만의 시그니처를 하나 만드는 것부터 시작해보자. AI 시대에는 진심 어린 소통과 사람 간의 연결력, 그리고 공감하는 태도가 오히려 더 강력한 경쟁력이 되고 있다. 이 변화에 어떻게 응답할지는 결국, 지금 이 순간 당신의 작은 선택에서 시작된다.

이제 다음 장에서는 이렇게 형성된 개인의 브랜드가 팀과 조직 안에서 어떤 시너지를 만들 수 있는지, 그리고 AI 시대에 요구되는 새로운 팀 빌딩과 리더십은 어떤 모습이어야 하는지를 함께 탐색해보려 한다.

개인의 성장에서 출발한 퍼스널 브랜딩이, 어떻게 팀의 성장과 조직 성과로 확장될 수 있는지 그 여정을 이어가보자.

제5장

리더십과 조직 성과,
AI 시대의 팀 빌딩

- AI 시대, 리더는 어떻게 달라져야 할까

리더십은 자기 자신과 팀을 함께 성장시키는 예술이다.
- Peter Drucker

1

AI 시대, 팀과 리더십은
어떻게 달라지는가

 많은 이들이 "AI가 사람의 일을 대체해버리면, 조직의 리더나 팀원은 그저 PC 옆에서 최소한의 보조 역할만 하게 되지 않을까?"라고 묻는다. 하지만 현장에선 오히려 '사람다움'이 더욱 중요해지고 있다. 데이터를 분석하고, 문서를 작성하고, 반복 업무를 수행하는 능력은 이미 인공지능이 상당 부분 해결해주고 있다. 그러나 이것을 어떤 목표로 어떻게 활용할지를 결정하고, 서로 협력하여 조직 성과와 개인의 행복을 동시에 만들어내는 일은 여전히 사람, 그리고 팀의 몫이다.

 여기에서는 개인이 모여 팀이 되었을 때, 어떻게 AI 시대의 수많은 기회를 포착해 '끝판왕 조직'을 만들어낼 수 있는지 구체적으로 살펴보고자 한다. 제4장까지는 주로 개인의 브랜딩·습관·성장 전략에 집중했다면, 제5장에서는 개인 역량의 집합체인 '팀'이야말로 시대가 요구하는 가장 강력한 단위이며, 이 팀을 움직이는 리더십이 왜 더욱 절실해졌는지를 심층적으로 다룬다.

개인의 역량을 넘어, 팀 '시스템'이 중요해지다

과거 산업화나 정보화 초창기에는 종종 탁월한 개인 영웅이나 소수의 전문가가 혁신의 주역이 되었다. 특정 분야에서 두각을 나타내는 인물이 전체 흐름을 주도하고, 나머지 조직원들은 이를 보조해 따르는 형태였다. 그러나 오늘날 AI가 거의 모든 영역에 침투하고, 디지털 전환이 일상이 된 환경에서는 한 사람이 모든 문제를 해결하기 점점 더 어려워지고 있다.

- **초연결 시대:** 우리 주변에 쏟아지는 데이터와 정보가 방대해지면서, 한 명이 모든 것을 파악하고 결정하기란 사실상 불가능에 가깝다.
- **분야 간 경계 붕괴:** AI 활용은 IT 부서만의 전유물이 아니라, 마케팅·인사·재무·영업 등 전 부문에 걸쳐 적용된다. 즉, 다양한 직군이 함께 머리를 맞대야 한다.
- **복잡한 문제 해결:** 이전에는 한 가지 기술적 지식이나 전문성만으로도 돌파구를 찾기 쉬웠다. 하지만 이제는 인문학적 통찰, 시장 상황 이해, 사용자 심리 분석, 기술 역량 등이 한데 결합해야 혁신적 결과물이 탄생한다.

이처럼 업무의 복잡성과 융합 필요성이 커질수록, 개별 역량보다 '시스템'으로서의 팀이 얼마나 유기적으로 작동하는지가 성과를 좌우한다. 즉, 여러 배경과 역량을 가진 구성원이 AI를 적극 활용해 빠르게 문제를 정의하고, 실험과 피드백을 거쳐 솔루션을 찾아내는 과정 자체가 곧 경쟁력이 되는 것이다.

AI가 데이터 분석, 번역, 요약, 기본 문서 작성 등 여러 면에서 든든한 조력자가 되는 건 사실이다. 그러나 최종적으로 어떤 '가치'를 창출할 것인지를 고민하고, AI가 제시한 결과물에 '의미'를 부여하며, 시장이나 고객의 상황에 맞춰 실행 방안을 선택·조정하는 일은 인간의 역할이다. 여기서 팀원 간 협업이 성공적으로 이뤄지면, AI가 놓친 맥락적·정서적·창의적 측면을 보완하며 뛰어난 성과를 내게 된다.

결과적으로, '개인의 능력을 뛰어넘어 팀 전반이 시너지를 낼 수 있는 구조를 어떻게 만들 것인가?'가 리더십의 핵심 과제가 되었다. 누가 팀에 있는지만큼이나 그 팀이 어떻게 협력하고 의사결정하는지가 더 중요해진 셈이다.

지시·통제형 리더십의 한계

산업혁명기나 20세기 중후반 제조업 성장기에 조직이 강조했던 전통적 리더십 모델은 '지시·통제형(Directive & Controlling)'이었다. 즉, 리더가 위에서 명령을 내리고, 구성원은 이를 신속하고 정확하게 수행하는 체계가 성과를 내는 데 효과적이었던 것이다. 이는 주로 반복 생산, 매뉴얼화된 프로세스, 비교적 안정적인 시장 환경에서 유용했다.

그러나 AI 시대의 조직이 직면한 현실은 전혀 다르다.

- **끊임없는 불확실성:** 소비자 취향, 시장 트렌드, 기술 발전 속도가 워낙 빠르다. 기껏 계획을 세워도 금세 상황이 달라질 수 있어, 고정된

지시 체계로는 제때 대응하기 어렵다.
- **자율과 창의의 필요:** AI를 활용하려면 팀원들이 각자의 영역에서 수시로 학습하고 실험해야 한다. 일일이 상급자의 허락만 기다리다가는 타이밍을 놓치기 십상이다. 더구나 창의적 발상이나 혁신은 자율적 환경에서 훨씬 잘 발현된다.
- **집단 지성의 잠재력:** '위에서 시키는 대로만' 하는 분위기에서는 팀원들이 가진 탁월한 지식과 경험, AI 활용 아이디어가 빛을 발하지 못한다. 하향식 지시가 강할수록 구성원들은 자신의 의견을 감추거나 제안 자체를 포기하기 쉽다. 이를 좀 더 구체적으로 보면, 팀원이 "요즘 새로 나온 AI 자동화 툴을 시범 적용해보자"라고 제안해도 리더가 "괜히 실수하면 안 되니, 당분간 기존 프로세스대로 하자"라며 막아버린다면 혁신이 사장된다. 혹은 팀원들끼리 논의해낸 창의적 아이디어가 매번 리더의 승인 단계를 넘지 못해 답보 상태에 머문다면, 누구도 열정적으로 움직이려 들지 않는다.

결국 지시·통제형 리더십은 AI 시대에 맞지 않는 구시대적 방식이 될 가능성이 크다. '리더가 계획하고, 팀원은 수행한다'라는 패턴은 새로운 문제나 예측 불가능한 상황에서 무력해질 수밖에 없다. 조직은 빨리 움직여야 하지만, 지시가 떨어져야 움직일 수 있는 구조라면 이미 늦는다.

따라서 리더십 패러다임의 대전환이 필요한 시점이다. 팀원들이 자율성과 창의력을 발휘해야 하고, 때론 실패해도 빨리 피드백을 받아 다음 기회를 노릴 수 있어야 한다. 이는 리더가 전부 결정하고 통제하는 방식이 아니라, 하나의 '서포터이자 코치'가 되어 팀원들이 목적과 방향성을 공유하고 자유롭게 일하게 돕는 모델로 옮겨가야 함을 시사한다.

협업·지원형 리더십이 떠오르는 이유

AI 시대의 리더는 더 이상 모든 답을 쥔 '절대 권위자'일 수 없다. 오히려 팀원 각각이 경험과 기술, 창의력을 펼칠 수 있도록 장을 마련해주는 협업·지원형(Servant & Coaching) 리더십이 요구된다. 이것은 크게 세 가지 특성으로 요약된다.

① 방향성 제시(Direction)

리더는 조직의 비전과 핵심 목표를 분명하게 전달하며, 왜 그것이 중요한지를 충분히 설명한다. 하지만 그 목표에 도달하는 구체적인 접근 방식에 있어서는 팀원들에게 상당한 자율권을 부여한다. 이로써 팀원들은 '큰 그림'과 맥락을 이해한 상태에서, AI를 활용해 능동적이고 창의적으로 문제를 해결할 수 있다. 리더는 나침반이 되되, 지도자가 아니라 안내자 역할에 집중해야 한다.

② 역할 재구성(Delegation & Empowerment)

AI가 실무의 상당 부분을 자동화하거나 보조할 수 있게 되면서, 리더는 '누가 어떤 역할을 수행할지'를 새롭게 정의해야 한다. 단순한 위임(delegation)을 넘어서, 팀원에게 전략적 책임과 결정 권한을 이양하고, 그에 맞는 성장 기회를 부여하는 '임파워먼트(Empowerment)'가 핵심이다.

예를 들어, 특정 AI 분석 도구를 잘 다루는 팀원에게는 해당 프로젝트에서 실질적 주도권을 부여할 수 있고, 해당 인력은 그 역할을 통해 '전문성 + 리더십 경험'을 쌓게 된다. 이는 수평적 협업 기반에서만 가능한 구조이며, 구성원이 단순히 '지시받는 사람'이 아니라 '판단하는 사람'이 되는 변화를 유도한다.

③ 자원·코칭 제공(Support & Coaching)

리더는 세부 지시를 내리기보다는, 팀원들이 스스로 문제 해결에 필요한 방법을 탐색할 수 있도록 자원과 방향을 제공한다. 여기서 말하는 자원은 물리적 자산(데이터, 도구, 예산)뿐 아니라, 정서적 지지와 실행 아이디어를 함께 나눌 수 있는 코칭 대화도 포함된다. 예컨대, '이 문제를 해결하려면 어떤 AI 솔루션이 적합한지?', '어떤 협업 파트너가 필요한지?', '무엇을 더 배워야 할지?'를 리더가 직접 답하지 않고, 팀원과 함께 질문을 탐색하는 구조가 되어야 한다. 이는 단순한 성과 관리가 아니라, 조직 전체의 학습 능력과 실행력을 높이는 리더십 방식이다. 이러한 협업·지원형 리더십은 단순히 '사람이 AI를 보조하는 구조'가 아니라, '사람이 AI를 활용해 더 큰 가능성을 발휘할 수 있도록 환경과 구조를 설계하는 리더십'이다. AI는 방대한 데이터를 빠르게 처리하지만, 그 분석 결과에 맥락과 실행력을 부여하는 것은 결국 사람의 몫이다. 리더는 팀원 각자의 강점이 드러날 수 있는 무대를 설계하고, 팀 전체가 유기체처럼 학습하고 성장할 수 있도록 촉진해야 한다.

2

탁월한 조직을 만드는
세 가지 토대

학습 조직(Learning Organization)

피터 센게(Peter Senge)는 그의 저서 『The Fifth Discipline』에서 조직이 생존하고 번영하기 위해서는 '학습 조직'의 속성을 갖춰야 한다고 역설했다. 개인이 배우고 성장하면서 그 지식과 통찰을 조직 전체가 공유하고,

이를 통해 궁극적 변화를 이루는 시스템이 필요하다는 것이다. AI 시대에 이 개념은 더욱 중요한 위치를 차지하게 되었다.

① 수평적 지식 공유

과거에는 교육 담당 부서나 관리자가 지식을 일방적으로 제공하고, 구성원들은 이를 수동적으로 학습하는 구조가 흔했다. 하지만 AI 시대에는 변화 속도가 빠르고 전문 영역이 세분화되어 있어, '누가 누구를 가르친다'라는 위계적 구분 자체가 무의미해질 때가 많다. 한 팀원은 챗봇 활용에 능숙하고, 다른 팀원은 데이터 시각화 툴에 정통하다면, 이들이 서로 가르치고 배우는 수평적 구조가 되어야 학습 속도를 극대화할 수 있다. 팀 차원에서는 이를 장려하기 위해 정기 스터디, 오픈 포럼, 점심시간 브라운백 세션 등을 마련할 수 있다.

② 실험과 피드백

AI는 빨리 시도하고, 그 결과를 곧바로 데이터화해 확인할 수 있다는 장점을 제공한다. 중요한 것은 이 실패·성공 데이터를 개인만 갖고 있지 말고, 조직 전체가 자산으로 삼도록 공유하는 일이다. 예컨대, 신규 마케팅 캠페인에 AI A·B 테스트를 진행해봤다면, 무엇이 어떻게 작동했고 왜 실패(또는 성공)했는지 요점을 추려 팀원들과 공유해야 한다.

이런 과정이 누적되면 어떤 기술이나 툴에 대한 '학습 곡선'이 빨라지고, 팀 전체가 동일한 오류를 반복할 가능성이 크게 줄어든다.

③ 자기 주도성

AI 시대에는 지식의 유효기간이 짧다. 한 번 배운 기술도 불과 몇 달 후에는 더 개선된 버전이 나올 수 있다. 따라서 누구나 필요하면 즉시 배우고, 실험하고, 개선할 수 있는 자율권이 보장되어야 한다. 리더가 모든 커리큘럼을 짜서 "이대로 따라와"라고 강요하는 것이 아니라, 팀원들이 '내가 이 부분에서 더 학습해야겠다'라고 느끼면 곧바로 학습 기회를 찾고, 실행할 수 있도록 분위기를 조성하는 것이다. 이를 위해 적절한 예산 지원, 유연근무제, 온라인 러닝 플랫폼 도입 등을 검토할 수 있다.

학습 조직의 궁극적인 장점은, 시장과 기술이 변하더라도 조직이 빠르게 적응한다는 점이다. 구성원이 바뀌거나 새로운 프로젝트가 시작돼도, 이미 조직 내에 구축된 학습 문화와 지식 공유 시스템 덕분에 누구든 신속히 배우고 실행할 수 있다. 리더는 이러한 학습 조직 문화를 적극적으로 장려하고, 학습 결과를 실제 성과와 연결할 수 있도록 지원하는 역할을 맡는다.

심리적 안전감(Psychological Safety)

심리학자 에이미 에드먼드슨(Amy Edmondson)은 구글의 '프로젝트 아리스토텔레스(Project Aristotle)' 연구 결과와 함께 심리적 안전감이 팀의 혁신과 성과에 결정적 요소임을 발견했다. 이는 '팀 내에서 불이익에 대한 두려움 없이 자신의 생각, 실수, 아이디어, 문제점을 자유롭게 표현할 수 있는 상태'를 가리킨다.

AI가 조직 곳곳에 도입되는 지금, 신기술을 시도하는 과정에서 시행착오가 필연적으로 발생한다. 이때 구성원들이 '이거 잘못 시도했다가 혼나면 어떡하지?', '승인이 나기 전까지는 그냥 가만히 있는 게 안전하겠지?'와 같은 생각에 빠지면, 팀은 결코 혁신적으로 움직일 수 없다.

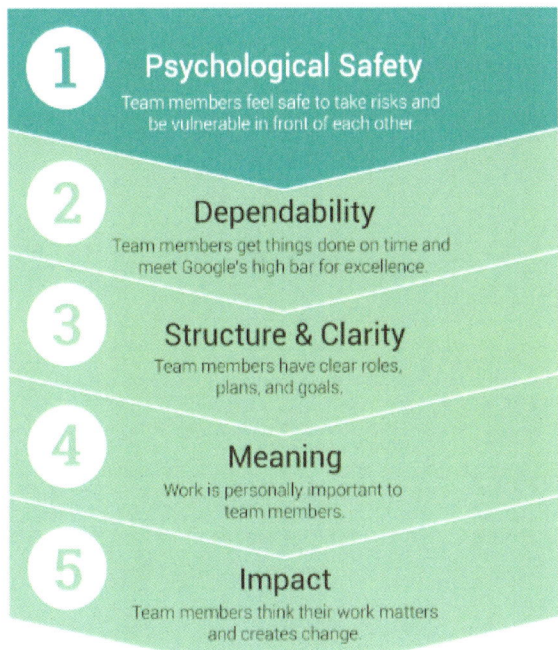

(출처: 구글 re:work)

① 실패 사례를 학습 자산으로

실패를 질책하고 처벌하는 조직 문화에서는 사람들이 점점 아이디어를 숨긴다. 반면 실패를 '공유 자산'으로 삼는 조직에서는 문제가 생겼을 때

재빨리 원인을 함께 찾아내고, 같은 실수를 반복하지 않게 된다. 이를 위해 리더가 먼저 "이번 시도에서 무엇을 배웠나? 배웠다면 성공"이라는 말을 자주 하고, 실패 사례를 발표하는 자리를 마련할 수도 있다. 이 방식으로 구성원의 두려움을 낮추면, 다음번엔 더 과감한 도전이 가능해진다.

② 의견 개진 장려

팀원들이 마음속에 있는 생각을 겉으로 표현하지 않으면, AI 분석 결과든 다른 데이터든 리더 혼자서 모든 판단을 내려야 한다. 이는 한계가 분명하다. 심리적 안전감이 높은 팀에서는 회의 때 '나쁜 소리'나 '반대 의견'이라도 거리낌 없이 공유된다. 각자의 시각에서 AI 결과를 해석하고, 예측 못 했던 오류나 리스크를 찾아내며, 더 나은 해법을 만드는 토론이 가능해진다.

③ 갈등·다양성 존중

AI 시대에는 다채로운 배경과 경험, 사고방식을 가진 인력이 모여야 시너지를 낼 수 있다. 하지만 다양한 관점이 모이면 자연스럽게 갈등도 발생한다. 심리적 안전감이 없는 팀이라면 갈등이 드러나지 않거나, 감정적 충돌로 이어지기 쉽다. 안전감이 뒷받침되는 문화에서는 '우리의 갈등은 더 나은 결과를 위한 과정'이라는 인식이 형성되어, 서로 다른 의견을 적극적으로 부딪히고 조율해 궁극적으로는 창의적 결과를 도출한다.

정리하자면, 심리적 안전감은 집단 지성을 극대화하기 위한 필수 조건이다. 특히 AI가 제시하는 정보를 맹신하지 않고 비판적으로 살펴보거나,

기존 프로세스를 뒤집는 파격적 아이디어를 시도하기 위해서는 '나는 팀 안에서 보호받을 수 있다' 하는 신뢰가 전제되어야 한다. 이를 만드는 것은 오롯이 리더의 책임만은 아니지만, 리더가 진심으로 실패를 포용하고, 다양한 의견을 장려하는 태도를 보이지 않으면 시작조차 어렵다.

회복탄력성(Resilience)

빠르게 달리는 AI 혁신 열차에서, 몇 번의 실패나 한두 번의 좌절로 멈춰서면 경쟁에서 밀려날 가능성이 크다. 그렇기에 팀과 구성원의 회복탄력성(Resilience)이 매우 중요해진다. 이는 시련이나 변화에 부딪혀도 금세 재정비하여 앞으로 나아가는 능력이다.

① 빠른 실패 → 빠른 수정

최근 소프트웨어와 스타트업 업계에서 많이 언급되는 '애자일(Agile) 접근'은 짧은 주기로 결과물을 내고, 오류나 문제를 즉각 수정해나가는 방식을 강조한다. 이것이 가능하려면 '실패해도 괜찮다. 대신 빨리 수정하자'

하는 회복탄력성이 전제되어야 한다. AI 모델을 도입한 초기 파일럿 테스트가 잘 안되었을 때, 이를 빠르게 수정하고 다시 시도해야 하는데 만약 팀이 실패를 두려워하고 움츠러든다면 프로젝트 전체가 정체되기 쉽다.

② 정서적 지원

회복탄력성은 단순히 일을 빨리 재개하는 것만이 아니라, 실패나 좌절 상황에서 마음을 다잡고 서로 격려하는 문화에서도 나온다. 팀 내에서 "이번 시도는 우리가 몰랐던 인사이트를 얻게 해줬다. 다들 수고했다"라며 심리적 지지를 보내주면, 구성원들은 '내가 혼자 책임지는 것이 아니다'라는 안도감을 갖는다. 이는 빠른 재도전을 촉진한다.

③ 긍정적 자기 대화

개인 차원에서 회복탄력성을 높이기 위해서는 '이번 실패가 나의 전부가 아니다', '지금 배운 점으로 다음번엔 더 잘할 수 있다'라는 인식이 필요하다. 팀 차원에서도 이런 자기 대화를 서로에게 건네주고, 잘못된 시도를 비난하기보다 '앞으로 어떻게 적용할까?'를 함께 논의해주는 분위기가 형성되어야 한다.

AI는 인간이 미처 발견하지 못한 패턴이나 솔루션을 제시하기도 하지만, 예기치 못한 오류나 부정확한 분석을 보여줄 때도 있다. 결국 팀이 어떤 태도로 문제를 재정의하고 다시 시도할 것인가가 향후 성과를 결정한다. 회복탄력성이 높은 조직은 '시도 → 실패 → 학습 → 재도전'의 사이클을 빠르게 돌리며, 결과적으로 남들보다 한두 발 앞서 혁신을 실현해낼 수 있다.

앞에서 살펴본 세 가지 토대, 즉 학습 조직, 심리적 안전감, 회복탄력성은 AI 시대의 '끝판왕 조직'이 갖춰야 할 근본적 요소다. 지식이 수직적으로만 흘러가거나, 실패를 두려워해 침묵이 만연한 조직, 회복탄력성이 낮아 한 번의 실패에 오랫동안 주저앉는 조직은 디지털 대전환의 물결에서 경쟁력을 유지하기 어려울 것이다.

리더십은 이러한 토대를 구축하고, 팀원들이 각자의 재능을 마음껏 발휘하도록 이끌어주는 역할을 담당한다. AI가 기술적 문제를 해결한다면, 리더십은 조직 내 인간적·심리적·문화적 문제를 해결하고 사람과 기술이 어우러져 최고 성과를 내는 무대를 마련해주는 셈이다. 그리고 그것이야말로 AI 시대에도 결코 사라지지 않을 리더십의 진정한 가치다.

③
실행 프레임워크
– OKR, 애자일, 퍼포먼스 매니지먼트

AI 시대에 팀이 탁월한 성과를 내고, 그 과정에서 구성원이 함께 성장하려면 '목표 설정부터 실행·회고까지'를 체계적으로 연결해주는 실행 프레임워크가 필수적이다. 단순히 '목표만 세우자'나 '연말에 평가하자'라는 접근은 이미 한계가 뚜렷하다. 여기서는 OKR(Objectives & Key Results), CFR(Conversation·Feedback·Recognition), AAR(After Action Review), 그리고 애자일(Agile), 퍼포먼스 매니지먼트(Performance Management)를 서로 보완적으로 묶어, '일하는 방식 전체를 어떻게 설계할 것인가'라는 관점에서 살펴본다.

OKR: 목표 설정을 넘어, '일하는 방식'의 출발점

OKR은 흔히 '조직이나 팀이 어떤 목표(Objective)를 추구하며, 그 성과를 어떻게(Key Results) 측정할 것인가'를 결정하는 프레임워크로 알려져 있다. 그러나 실제로는 단순히 목표를 종이에 적어두는 데 그치지 않고, 조직 전체가 동일한 방향에 집중(Focus)하고, 각 부서·개인 간 목표가 연결(Alignment)되도록 도와주며, 정기적으로 추적(Tracking)·공유해 도전적 성장(Stretching)을 이끌어내는 '일하는 방식' 자체로 확장될 수 있다.

① 목표 설정

'3분기 안에 신규 고객 1,000명을 유치한다' 같은 정량 목표(KR)를, '고객에게 매력적인 커뮤니티 경험을 제공한다'처럼 정성적 비전을 담은 Objective와 연결한다.

이때 리더가 일방적으로 결정하지 말고, 팀원들의 의견과 시장·AI 데이터를 종합해 왜 이 목표가 중요한지를 공감대로 형성해야 한다.

② 정기적 점검 및 조율

OKR은 '한 번 세우고 끝'이 아니라, 1~2주 혹은 한 달 단위로 진척 상황을 점검해야 한다.

예컨대, "Key Results 달성률이 30%에 머무르고 있는데, 문제 원인이 무엇인지?"를 AI 로그나 고객 피드백으로 확인하고, 다음 행동 계획을 세운다.

③ 조직 문화로서의 OKR

OKR은 실행 기법인 동시에, 구성원들이 스스로 책임감을 갖고 자발적·주도적 업무를 실현하도록 하는 문화적 도구이다. 리더는 팀원 각자가 어떤 아이디어나 실행 방안을 떠올렸을 때, 목표 달성과 조직 비전에 기여함을 직관적으로 파악할 수 있게 돕는다.

결국 OKR은 목표 설정을 출발점으로 삼되, 팀이 일하는 방식(Work Method) 전체를 최적화하는 플랫폼이다. 이를 통해 개인별 역량과 관심사, AI 분석 결과, 조직 비전이 하나로 연결되고, 구성원들은 '왜 이 일을 하고, 무엇을 위해 달리는가?'를 지속적으로 체감하게 된다.

CFR: 성과 촉진을 위한 '대화(Conversation)·피드백(Feedback)·인정(Recognition)'

OKR로 분기·월간 목표를 세웠다면, 그 목표가 실제 현장에서 활력을 얻도록 촉진하는 과정이 필요하다. 이를 효과적으로 지원하는 것이 CFR(Conversation·Feedback·Recognition)이다. 종종 이것을 'OKR 가동 엔진'이라고 부르기도 한다.

① Conversation(대화)

리더와 팀원, 팀원 상호 간에 수평적인 대화를 정기적으로 나눈다. 이 대화는 형식적 보고가 아니라, '지금 진행 중인 과제에서 느낀 점, AI 분석 결과에 대한 의견, 혹은 겪고 있는 장애물' 등을 솔직하게 교환하는 자리여야 한다.

② Feedback(피드백)

대화 속에서 얻은 인사이트를 바탕으로, 즉각적이고 발전적인 피드백을 제공한다. 예컨대 "지난주 신규 고객 유입이 20% 늘었는데, 데이터를 보니 SNS 이벤트가 주효했다. 다음엔 어떤 SNS 채널에 더 집중할까?"처럼 미래지향적 질문을 함께 다룬다.

③ Recognition(인정)

작은 성과나 의미 있는 시도를 놓치지 않고 칭찬과 격려를 전한다. 단순 결과뿐 아니라, "문제 해결을 위해 기발한 아이디어를 냈다"라거나 "팀원들을 도와줬다" 같은 행동 수준도 구체적으로 인정해주면 동기부여 효과가 크다.

CFR은 심리적 안전감을 높이고, 회복탄력성을 유지하는 데 큰 기여를 한다. 팀원들에게는 "우리 리더가 수시로 대화하며, 잘된 점은 칭찬해주고, 부족한 부분은 함께 개선책을 찾는다"라는 믿음이 생긴다. 이는 곧 OKR 달성률을 끌어올리는 동력으로 이어진다.

AAR: 회고와 성과 지식 축적(After Action Review)

OKR과 CFR을 통해 목표와 실행이 활발히 진행되었다면, 마지막 단계에서 AAR(After Action Review)을 통해 성과 지식을 정리·축적해야 한다. 이는 군사·경영·스포츠 등 다양한 분야에서 채택해온 '회고 미팅(Retrospective)'과 유사한 개념으로, 한 사이클(예: 12주)이 끝난 뒤 '무엇이 잘됐고, 무엇을 배웠으며, 어떻게 개선할까?'를 체계적으로 기록·공유하는 것이다.

① 성과 분석

OKR에서 설정한 Key Results 달성 여부와 원인을 리뷰한다. '목표를 달성했다면 무엇이 주효했나?', '못 달성했다면 어떤 부분이 부족했나?'를 구체적으로 짚는다.

AI 기반 성과 데이터를 함께 살펴봄으로써, 주관적 느낌만이 아니라 객관적 지표를 근거로 학습할 수 있다.

② 장애물과 해결 과정 복기

진행 중에 발생한 장애나 문제 상황을 명확히 정리한다. 예컨대 "3주 차에 API 오류로 작업이 중단되었는데, 어떻게 극복했는가? 다음에는 비슷한 오류를 더 빨리 잡으려면?"

이 과정을 통해 팀이나 개인이 얻은 노하우를 문서화하고, 다른 팀원들과도 공유한다.

③ 성장 계획 및 다음 사이클 준비

회고 결과에 따라, '다음 사이클에서는 더 높은 목표를 잡을 것인가, 아니면 다른 우선순위를 설정할 것인가?' 같은 전략을 재조정한다. 이때 팀원 개개인의 역량 성장을 고려한 배치·교육·코칭 계획도 함께 논의한다. AAR은 단순 보고서 쓰고 끝나는 것이 아니라, 다음 목표(OKR)로 이어지는 다리 역할을 하는 것이다.

AAR은 '끝'이 아니라, '새로운 시작점'이라는 말이 잘 어울린다. 한 사이클의 성공·실패 경험이 팀의 집단 지성 자산으로 쌓이고, 다음 목표를 더욱 정교하게 세우고 실행하는 선순환 구조가 형성된다. 결국 'OKR → CFR → AAR'로 이어지는 반복 루프가, 팀의 일하는 방식을 계속 진화시키는 원동력이 된다.

애자일(Agile)과 퍼포먼스 매니지먼트: 빠른 실험, 빠른 피드백, 빠른 성장

위에서 언급한 'OKR → CFR → AAR' 프로세스와 잘 어우러지는 실행 방식이 바로 애자일(Agile)과 퍼포먼스 매니지먼트(Performance Management)이다.

애자일은 '작은 단위로 빠르게 결과물을 만들어내고, 즉시 피드백을 받아 개선'하는 민첩한 접근을 강조한다. AI 데이터로 사용자 반응이나 시장 변화를 확인하면, 다음 스프린트(짧은 주기)에서 곧바로 조정이 가능하다. 이는 'OKR → CFR → AAR' 루프를 짧게 돌릴 수 있게 만들어준다.

퍼포먼스 매니지먼트는 말 그대로 '성과를 일회성으로 평가하는 게 아니라, 끊임없이 관리·개선하는 과정'이다. 애자일이 개별 프로젝트 실행 방법이라면, 퍼포먼스 매니지먼트는 팀원·조직 차원의 성과와 성장 관리를 지원한다. 예컨대, CFR에서 주고받은 피드백과 AAR에서 도출된 교훈을 팀원별 목표나 역량 개발 계획에 반영해 주기적으로 학습하고 점검하도록 돕는다.

두 기법 모두 '계획 → 실행 → 평가'라는 선형 구조가 아니라, '계획 → 실행 → 학습 → 재계획'의 순환 구조를 강조한다. AI 시대엔 이 순환 주기가 짧아질수록 위험을 최소화하면서 경쟁 우위를 확보하기 쉬워진다. 결국 조직은 'OKR + 애자일 + 퍼포먼스 매니지먼트'를 유기적으로 결합해, 목표 설정에서부터 실행, 회고, 그리고 다시 목표 재설정까지 빠르고 유연하게 이어지는 '끝이 있는 일하기'를 실현하게 된다.

OKR 기반 '자동화 프로세스'와 일하는 방식의 진화

마지막으로, 실제 현장에서는 OKR을 기반으로 팀별 자동화 프로세스를 구축하는 사례가 늘고 있다. 예컨대, 프로젝트 관리 툴(예: Jira, Asana, Trello)이나 협업 툴(예: Notion, Slack)과 연동해, OKR 달성 상태나 CFR 대화 기록, AAR 회고 노트 등을 통합 관리하고 팀원들이 언제 어디서든 확인할 수 있도록 자동화하는 것이다.

- **목표-성과 연동:** 특정 Key Result의 달성률이 일정 기준에 도달하면 자동 알람을 보내거나, AI가 '이 지표가 잘 오르지 않는 이유'를 로그 분석해 제안할 수도 있다.
- **대화·피드백 자동화:** 일정 주기마다 팀원에게 "이번 주 진행 상황에 대한 짧은 피드백을 남겨달라"라는 알림을 보내주고, 이를 리더나 동료가 보고 코멘트를 남긴다.
- **회고 지식화:** AAR을 통해 기록된 교훈이나 해결책을 태그별로 분류해, 검색하면 쉽게 과거 사례를 열람할 수 있도록 시스템화한다.

이렇게 OKR 중심의 일하는 방식을 자동화하면, AI가 제공하는 데이터를 실시간으로 반영하고 구성원들의 자율적 실행을 훨씬 빠르게 지원하게 된다. 동시에 리더는 전체 흐름을 한눈에 파악하면서('헬리콥터 뷰 확보'), 필요한 부분에만 개입하거나 자원을 보충해주는 '서포팅 리더십'을 발휘할 수 있다.

정리: 'OKR → CFR → AAR'의 선순환

- **OKR:** '무엇(목표)을 왜 달성할 것인가?'를 결정하고, 구체적 Key Results로 가시화하는 단계다.
- **CFR:** 그 목표 달성을 위해 끊임없이 대화(Conversation)하고, 피드백(Feedback)하며, 잘된 점은 즉시 인정(Recognition)하는 '성과 촉진' 활동이다.
- **AAR:** 한 사이클이 끝났을 때 '우리가 무엇을 배웠고, 다음엔 어떻게 적용할 것인지'를 회고하고 지식화하는 과정이 유기적으로 돌면서, 팀은 갈수록 더 효율적이고 창의적인 '일하는 방식'을 갖추게 된다. 여기에 애자일과 퍼포먼스 매니지먼트가 결합되어 짧은 주기의 실험과 피드백이 계속 반복되면, AI 시대가 요구하는 빠른 혁신과 지속 성장이라는 두 마리 토끼를 잡을 수 있다.

결국 OKR은 '단순 목표 설정'이 아니라, '팀 전체의 일하는 방식을 설계하는 틀'이며, CFR과 AAR, 그리고 애자일·퍼포먼스 매니지먼트가 더해

져 완결된 실행 시스템을 이룬다. 이 시스템 속에서 AI를 활용하면, 데이터를 근거로 목표 진척도를 실시간 모니터링하고 실패나 오류를 즉시 포착해 대응할 수 있으므로, 결과적으로 지속적으로 학습하며 성과를 확장해나가는 '끝판왕 조직'으로 진화해갈 수 있다.

4

L사 김○○ 리더의 변화 사례
– 도전과 성장을 일으키는 '일하는 방식' 전환

옛날식 리더십의 부작용

김 리더(가명)는 국내 대기업에서 10년 넘게 근무하면서, 나름대로 인정받는 과장·차장 시절을 보냈다. 비교적 젊은 나이에 팀장이 된 그는, 예전부터 해오던 방식대로 '내가 사업계획을 짜고, 팀원은 지시대로 움직이면 성과가 나겠다'라고 확신했다. 하지만 실제로 팀을 맡아보니, 그는 작은 결정 하나까지 일일이 보고를 받거나 직접 지시하는 데 많은 시간을 쏟게 되었다. 회의 때 누군가 "새로운 프로젝트나 업무 방식을 시도해보자"라고 제안해도, "굳이 지금?" "리스크는 누구 책임인가?"라는 반응으로 일축했다.

이런 태도가 반복되다 보니, 신입 사원은 아이디어를 내봐야 묵살당하거나 부담을 지기 싫어 숨어버렸고, 경력 사원들조차 '팀장이 우선순위를 정해줄 때까지 기다리자' 하는 쪽으로 흐르며 수동적으로 변했다. 회의는 형식적으로 흘러갔고, 구성원들은 자기 주도적 도전이나 성장을 거의 시도하지 않았다. 김 리더는 '팀원들이 왜 이렇게 소극적이지?'라고 의아해했으나, 사실상 지나친 통제와 안정 위주의 리더십이 그 원인이었다.

협업·지원형으로 전환

어느 날, 김 리더는 사내 교육을 통해 OKR(Objectives & Key Results), 애자일(Agile), 퍼포먼스 매니지먼트 등 '협업·지원형 일하는 방식'을 접하게 되었다. 가장 충격적인 부분은 '조직이 목표를 명확히 공유하고, 팀원들이 자율적으로 일할 때 오히려 성과도 커지고, 개인의 성장도 빨라진다'라는 내용이었다. 교육 후, 김 리더는 팀원들을 모아놓고 "이전 방식은 한계가 있다고 느낀다. 이제부터는 여러분이 실무 현장에서 일하는 방식을 더 많이 결정하고, 나는 후방에서 지원하겠다"라고 선언했다. 이를 위해 우선 분기별 OKR을 팀원들과 함께 설정했다. 예를 들어 "분기 안에 신규 프로젝트 3개 발굴 및 시범 운영"이라는 구체적 목표를 세우고, 각자 어떤 아이디어로 이 목표에 기여할지를 자유롭게 제안하도록 했다.

다음으로, 매주 혹은 격주 단위로 짧은 스프린트(애자일) 미팅을 진행하게 했다. "이 한두 주 동안 시도해볼 작은 실험은 무엇인가?", "잘 안된다면 어느 부분을 먼저 조정하거나, 누구와 협업하면 좋을까?" 같은 구체적인 이야기를 주고받았다. 2주가 지나면 그 결과를 공유하고, "어떤 점이 효과적이었으며, 무엇을 더 보완해야 하는지"를 팀 전체가 논의했다.

아울러 퍼포먼스 매니지먼트의 개념을 도입해, 매주 팀 회의에서 "이번 주 목표는 어디까지 달성됐나?", "막힌 부분은 없나?", "서로 피드백을 주고받을 점은 무엇인가?"를 체크했다. 예전에는 결과가 미진하면 질책부터 했지만, 이제는 "왜 이런 결과가 나왔을까?", "다음엔 어떻게 하면 더 나아질까?"라는 미래지향적 질문을 던졌다. 팀원들은 처음엔 어색해했지만, 점차 스스로 고민하고, 동료의 피드백을 긍정적으로 받아들이는 태도로 바뀌었다.

변화된 결과

불과 석 달 뒤, 김 리더의 팀에는 몇 가지 뚜렷한 변화가 나타났다.

① 팀 분위기

예전에는 회의하면 다들 차분히 앉아 김 리더의 지시에만 귀 기울였지만, 이제는 팀원들이 서로 의견을 경청하고 토론하는 문화가 만들어졌다. "이번 주엔 이런 실험을 해봤다. 생각처럼 잘되진 않았는데, 그 원인을 우리가 한번 같이 찾아보자"라는 적극적인 발언이 종종 나왔다. 이 과정에서 자연스레 팀원 간 신뢰가 쌓였다.

② 자발적 도전과 성장

신입 사원은 '고객 만족도 개선'을 위해 자체적으로 여러 부서와 협업해 보겠다고 나섰고, 베테랑 직원도 그동안 묵혀둔 아이디어를 꺼내어 '반복 업무를 간소화해보겠다'라며 개선 프로젝트를 주도했다. 이전에는 '팀장이 허락할까? 문제 생기면 어떡하지?' 하는 두려움 때문에 꺼내지 못했던 시도를 과감히 실행하기 시작한 것이다.

③ 성과 확대

분기 OKR으로 정했던 신규 프로젝트 3개 발굴 목표를 충족하고도, 추가로 1개를 더 시범 운영할 정도로 팀 전체가 빠른 속도로 실행했다. 물론 모든 시도가 성공한 것은 아니었지만, 잘 안된 사례에서도 학습한 점을 토대로 한층 발전된 아이디어를 내놓았다. 궁극적으로는 회사 내 다른 부서가 "김 리더 팀처럼 빠르고 유연하게 일하고 싶다"라며 배워 가려는 움직임이 생길 정도가 되었다.

④ 김 리더의 인식 전환

처음에는 '팀이 자율적으로 하면 통제나 관리가 느슨해지는 것 아닌가?'라는 우려가 있었다. 하지만 막상 해보니 팀원들이 자신이 맡은 목표에 대한 책임감을 더 크게 느끼고, 서로 도와가며 빠르게 배워나가는 것을 보면서 '정말 이런 방식이 더 낫구나'라고 깨달았다. 스프린트마다 소소한 '작은 성공'이 축적되어 조직 문화가 역동적으로 변하고, 본인 스스로도 '내가 하지 않아도 팀원들이 잘 굴러 가는구나'라는 즐거운 발견을 하게 된 것이다.

일하는 방식 전환이 주는 교훈

김 리더의 사례가 보여주는 바는 분명하다. '도전과 성장'을 촉진하는 리더십과 '일하는 방식'이 만나면, 팀 분위기는 짧은 시간 안에 크게 달라질 수 있다는 것이다. 여기서 OKR, 애자일, 퍼포먼스 매니지먼트 등의 도구는 중요한 촉매제 역할을 했다. 하지만 그보다 더 본질적인 것은, 김 리더가 '팀원들이 스스로 시도하고 실패해볼 수 있는 무대'를 열어주었다는 점이다.

① 명확한 목표와 자율성

팀장으로서 큰 그림(OKR)을 제시하되, 구체적 실행 방법은 팀원 스스로 고민하도록 맡겼다.

과도한 관여나 승인 절차를 줄이면서도, 때로는 필요한 자원과 조언을 즉시 연결해주는 식으로 '지원형' 리더십을 보여주었다.

② 짧은 주기 실험과 피드백(애자일 + 퍼포먼스 매니지먼트)

2주나 한 달 단위로 목표 달성 진행도를 확인하고, 잘된 점과 문제점을 빠르게 교정했다.

실패를 '판단 미스로 몰아세우는' 것이 아니라, '어떻게 개선할까?'를 함께 찾는 계기로 삼았다.

③ 팀원 개개인의 성장 욕구 자극

기존에는 '잘못하면 혼나니 그냥 시키는 대로만 하자'였던 마음가짐이, '더 나은 방법을 찾아볼까?', '내가 이 팀에서 성과를 낼 수 있구나'로 바뀌었다.

사람은 '더 나아지고 있다'라는 감각을 느낄 때, 스스로 몰입도를 높이고 성취에 대한 의지를 갖는다.

이처럼 김 리더가 이끌어낸 변화는 '통제'가 아닌 '협업·지원'을 통해 팀원들의 도전과 성장을 자연스럽게 이끌어낸 좋은 사례다. AI나 자동화 기술이 없었던 시절에도 이런 시도는 유효했겠지만, 지금처럼 업무가 복잡해지고 빠르게 변하는 시대에는 더욱 절실하다. 오랜 관리 경험과 기존 관성을 깨는 일은 쉬운 선택이 아니었지만, 제대로 된 실행 체계를 갖추고 (OKR, 애자일, 퍼포먼스 매니지먼트 등), 무엇보다 '사람'을 중심에 둔 리더십으로 접근하면 생각보다 훨씬 짧은 기간 안에 팀이 달라질 수 있음을 김 리더의 사례가 보여준다.

5

AI 시대 리더의 필수 역량
– 도전과 성장을 이끄는 '사람 중심' 리더십

제4장과 제5장의 전반부에서 살펴본 바와 같이, AI가 점점 더 많은 '단순·반복 업무'를 대체하는 동시에 팀과 조직이 직면하는 문제는 훨씬 복잡해지고 있다. 이런 환경에서 '무엇을, 어떻게 해결할 것인가'를 결정하는 데는 여전히 사람이 핵심적인 역할을 맡게 된다. 리더의 역할 역시 이전과 전혀 달라져야 하며, 이를 위해선 '사람다움'을 적극 발휘하는 역량이 필수적이다.

데이터 리터러시(Data Literacy)에서 한 발 더 나아간 '맥락 이해'

AI가 제공해주는 데이터와 통계, 예측 모델 등은 의사결정 시에 큰 가치를 지닌다. 그러나 데이터로 모든 것이 자동으로 해결되진 않는다. 결국 수많은 정보와 지표 속에서 '이 숫자가 지금 우리 조직과 고객, 시장에는 어떤 의미를 갖는가?'를 제대로 해석하고 통합할 수 있어야 한다.

- **숫자를 넘어선 통찰:** 예컨대 매출 지표, 신규 고객 증가율, 고객 만족도 같은 지표가 모두 '오르지 않는다'라는 결과가 나왔을 때, 단순히 '왜 안 오르지?'라고 의아해하는 데서 끝나지 말고, 팀원들과 함께 데이터의 맥락을 살피는 과정이 필요하다. '우리 목표(OKR)와의 연관성은 어떠한지?', '고객의 실제 불편이나 감정과는 어떻게 연결되는지?', '이 상황에서 우리가 시도해볼 아이디어는 무엇인지?'를 함께 탐색해야 한다.
- **사람 중심 해석:** 리더가 데이터에만 매몰되어 "이 숫자 낮으니 담당자가 더 열심히 해"라고 지시하면, 구성원들은 쉽게 소진되거나 불안해한다. 대신 "데이터가 이렇게 나오는 것은 어떤 상황·감정에서 비롯된 걸까? 팀원들은 어떤 어려움을 겪고 있나?"를 묻고 함께 대책을 찾는다면, 사람과 수치를 균형 있게 바라보는 리더십을 실현할 수 있다.

다시 말해, AI 시대의 데이터 리터러시란 '단순 숫자 해석'이 아니라, '사람과 상황을 아우르는 통찰'을 찾는 과정이다. 이 과정을 주도하는 리더는 조직에 대한 깊은 이해와 팀원 개개인의 사정까지 고려해, 정량과 정성을 균형 있게 판단하며 최적의 결론을 이끌어낸다.

코칭 스킬: 팀원의 자발적 에너지를 이끌어내는 질문과 지원

AI 시대에 팀원들이 각자 역량을 마음껏 펼치려면, 리더는 모든 답을 내

려주는 '지시자'가 아니라, 스스로 '답'을 찾도록 돕는 '코치'가 되어야 한다.

- **미래지향적 피드백:** 예컨대 성과가 기대 이하라 하더라도, "왜 못했나?"가 아니라 "무엇을 배웠고, 다음엔 어떻게 개선할까?"라는 질문을 던진다. 이는 팀원에게 "실패한 이유를 해명하라"가 아닌 "실패 경험을 통해 함께 배우자"라는 메시지를 전달한다.
- **질문형 대화:** "가장 어렵게 느껴지는 부분은 어디인가?", "이번 주 가장 큰 성과는 무엇이었나?"처럼 팀원이 자기 상황을 직접 표현하도록 유도한다. 리더가 즉답을 주는 대신, 팀원이 스스로 문제를 구조화하고 해결책을 모색하도록 만들면, 구성원 스스로 자율성과 책임감을 더욱 갖게 된다.
- **자원·시간 지원:** 코칭 스킬에는 단순 '대화'만 있는 것이 아니다. 팀원이 새 프로젝트를 시도하는 데 필요한 협업, 예산, 도구, 시간을 조율해주는 것도 리더의 중요한 '지원'이다. 이를 통해 '팀원이 앞장서서 뭔가 해볼 수 있도록' 물리적·심리적 여건을 갖춰주는 것이다.

결과적으로, 코칭형 리더십 아래서 팀원들은 단순히 '위에서 시키는 일'이 아니라, 자신이 기획하고 주도하는 과제를 통해 역량과 동기를 키울 수 있다. 이러한 도전과 성장의 경험이 쌓일수록, 팀 전반의 성과도 자연스럽게 상승하게 된다.

신뢰 구축(Trust Building): 심리적 안전감과 긍정 경험 만들기

우리는 이미 심리적 안전감이 왜 중요한지 논의했다. 아무리 AI가 발전해도, 결국 인간적 관계와 신뢰가 없으면 팀은 속도를 내기 힘들다.

- **솔직한 정보 공유:** 성과나 문제점을 숨기고 "다 괜찮아"라고 뭉개면, 팀원들은 '위에서 뭔가를 감추고 있다'라며 불신하게 된다. 리더가 있는 그대로 현황을 보여주고 함께 해법을 찾으려 할 때, 사람들은 '우리 의견을 진심으로 듣고 있구나'라고 느낀다.
- **일관된 태도:** 말로는 "실패를 두려워 말라" 했지만 작은 실수에도 벌점을 주거나 질책하면, 팀원들은 곧바로 위축된다. 신뢰는 말과 행동이 항상 일치할 때 서서히 쌓인다.
- **긍정 경험 설계:** 구성원들이 업무 과정에서 '아, 이렇게 성취감을 느낄 수 있구나'라는 순간을 자주 경험하면, 훨씬 더 깊이 몰입한다. 이를 위해 리더는 칭찬, 자발적 참여, 협업 이벤트 등을 체계적으로 설계할 수 있다. 작은 성공을 놓치지 않고 인정하는 문화가 자리 잡으면, 사람들이 서로를 격려하는 선순환이 이뤄진다.

신뢰가 형성된 팀은 실패나 좌절을 겪더라도 빠르게 재도전하는 회복탄력성을 보여준다. 이 회복탄력성은 AI 시대의 빠른 변화 속도에서 살아남기 위해 필수불가결한 요소이며, 결국 '사람이 진짜 힘을 발휘할 수 있는 토대'이기도 하다.

6

함께 미래로 나아가기
– 협업과 리더십이 만드는 '끝판왕 조직'

AI 시대에 필요한 조직 문화와 실행 프레임워크, 그리고 실제 사례 등을 다루었다. 이를 종합해보면, 결국 조직을 움직이는 핵심은 사람이며, 사람들을 어떻게 연결하고 지원하느냐가 리더십의 본질이라는 결론에 이르게 된다.

'도전과 성장' 중심 일하는 방식으로의 전환

단순 업무는 기계가 대신하지만, 도전적인 과제나 복합적 문제는 사람이 풀어야 한다. 이를 위해 조직은 OKR을 통해 방향을 제시하고, 애자일·퍼포먼스 매니지먼트로 빠른 실험과 피드백을 반복하며, CFR·AAR로 끊임없이 대화와 회고를 이어가는 구조를 만든다.

이렇게 짧은 주기로 끊임없이 작은 시도를 해보고, 실패해도 '다음엔 어떻게 할까?'를 외치며 재도전하는 문화 속에서 구성원들은 자기 역량을 한층 높일 수 있다.

집단 지성(Collective Intelligence) 발휘

한 명의 천재가 모든 걸 해결하기보다, 서로 다른 배경과 전문성을 지닌 다수가 협업해야 복잡한 문제를 풀 수 있는 시대다. 리더는 팀원 간 갈등이 두려워 각자의 의견을 차단하기보다는 오히려 다양한 목소리를 장려하고, 충돌이 생기면 '그 충돌은 더 나은 해법을 찾는 과정'이라 여기며 조율해줘야 한다.

AI가 빠르게 제시하는 데이터·아이디어 중에서도, 사람들 간의 토론과 통찰을 통해 조직만의 고유한 솔루션이 탄생한다.

긍정 경험이 만드는 몰입과 성과

인간은 성공 체험이나 의미 있는 순간을 통해 자신이 성장하고 있다고 느낄 때, 더 큰 몰입도를 발휘한다.

리더는 의식적으로 팀 내 '좋은 순간'을 많이 만들고, 그것을 모두가 느낄 수 있도록 공유해야 한다. 이는 단순히 '성과 보상'을 넘어서, '이 일을 해나가는 과정 자체가 즐겁고 가치 있다'라는 믿음을 심어주는 일이다.

'팀원들이 일에서 긍정적 경험을 자주 할 수 있도록' 도와주면, 그 에너지가 곧 팀의 지속적 혁신과 성과로 이어진다.

7

AI 시대 리더십이 열어갈 새로운 가능성

AI 시대의 도래로 인해, 많은 사람이 "인간이 해야 할 일이 줄어들 것이다"라고 말한다. 하지만 제5장에서 거듭 강조했듯, 기술이 발전할수록 역설적으로 사람 고유의 창의·감정·관계 역량이 더 중요해진다. 여기서 리더십의 핵심 메시지는 명료하다. '결국, 인간적인 가치를 어떻게 살리고, 사람들의 도전과 성장을 어떻게 촉진할 것인가?'

끝판왕 조직으로 가는 로드맵

- **학습 조직 + 심리적 안전감 + 회복탄력성**: 디지털 대전환 시기에도 흔들리지 않으려면, 이 세 가지 기반이 반드시 필요하다.
- **OKR, 애자일, 퍼포먼스 매니지먼트 등 실행 프레임워크**: 목적(목표)부터 실행, 평가, 회고까지 유기적으로 연결해야 '일하는 방식 자체가 끊임없이 진화'한다.

- **협업·지원형 리더십:** 리더는 '내가 모든 걸 지시해주겠다'가 아니라, '여러분이 능동적으로 움직이도록 지원·코칭하겠다' 하는 태도를 일관되게 유지한다.

이렇게 결합된 문화와 체계 위에서, 팀은 비약적인 성장을 이룬다. 단순히 개인이 모인 합이 아니라 집단 지성을 발휘할 때, 그 힘은 수직적 통제의 조직보다 훨씬 강하다. 그리고 이 과정에서 구성원들은 '내가 성장하고 있구나'를 체감하며 몰입도를 높인다.

사람 중심 리더십, AI 시대의 경쟁력

- **인간적 감수성과 협업 능력:** 사람 사이의 공감, 소통, 신뢰 구축 등은 기계가 대체하기 가장 어려운 영역이다. 리더가 이 부분에 집중할 때, 조직은 AI가 주지 못하는 독특한 가치(innovation + empathy)를 창출한다.
- **도전·실패 경험의 축적:** 실패를 빠르게 회복하고, 경험을 자산으로 삼는 팀이 많아질수록 전체 조직이 튼튼해진다. 리더는 이런 분위기를 확산시키는 '조련사' 역할을 맡는다.
- **의미와 비전 공유:** 사람은 '왜 이 일을 하는가?'라는 질문에 납득해야 진정으로 움직인다. AI 시대일수록, 리더가 비전을 제시하고 구성원들이 그 의미를 충분히 공감할 수 있도록 도와주는 일이 필수다.

제5장의 내용을 마무리하며, 다음과 같은 질문을 독자에게 던지고 싶다.

① 현재 우리 팀(혹은 조직)은 어떤 '일하는 방식'을 갖고 있는가?

과연 자율과 창의, 피드백과 회고가 자연스럽게 이뤄지고 있는지, 아니면 여전히 '지시·통제' 프레임에 갇혀 있는지 솔직히 진단해볼 필요가 있다.

② 팀원들이 느끼는 '도전과 성장', '의미와 재미'는 어느 정도인가?

매일 단순 반복 업무로 소진되고 있지는 않은가? 새로운 시도를 해보고 싶어도 눈치만 보는 문화는 아닌가?

③ 리더로서 내가 할 수 있는 작은 변화는 무엇일까?

OKR을 가볍게 도입해볼 수도 있고, 매주 30분씩 CFR 대화를 해볼 수도 있다. 혹은 스프린트 회고(AAR)를 간단히 시도해볼 수도 있다. 작은 실천이 모여 팀을 뒤흔드는 변화로 이어진다.

실행 프레임워크, 리더십 모델은 하나의 지침일 뿐이다. 실제 조직 상황에 맞춰 조금씩 변형하고 보완하여 적용하면 좋다. 중요한 것은 리더 한 사람이라도 먼저 실행해보는 용기다. 미루지 말고, 당장 이번 주 혹은 다음 달부터 시도해보자.

'누구도 가보지 않은 길일수록, 먼저 시도하는 쪽이 주도권을 얻는다'라는 말이 있다. AI 시대가 펼쳐지면서, 우리는 '사람 중심 리더십'이 오히려 더 크게 요구되는 역설적 상황을 맞이했다. 이 요구에 어떻게 답할지는, 지금 이 순간 책을 읽고 있는 당신의 선택에 달려 있다. 그리고 바로 그 선택이, 향후 몇 달 혹은 몇 년 안에 당신의 팀과 조직을 '끝판왕 조직'으로 이끌 결정적 열쇠가 될 것이다.

제6장

AI 시대에도 흔들리지 않는 삶

- AI 시대의 흐름 속에서 나를 지키는 법

행복은 발견하는 것이 아니라, 만들어가는 것이다.
- Martin Seligman

①
번아웃, 딜레마, 스트레스를 부르는 환경과 사례

심리학이 말하는 '진짜 행복'

기술이 빠르게 발전하고 경쟁이 치열해지면서, 자기 계발과 성과만 강조하는 분위기가 형성되기 쉽다. 하지만 정작 마음이 지쳐버리면 기술의 발전이 무의미하게 느껴지고 삶 자체가 버거워질 수 있으며 결국 번아웃, 스트레스 같은 문제로 인해 행복과 의미를 잃어버릴 위험이 크다. 따라서 'AI 시대에도 흔들리지 않는 삶'을 주제로 진짜 행복이란 무엇인지, 그리고 AI 시대에 이 개념이 왜 더욱 중요해지는지 심리학적인 관점으로 접근해 보다 구체적인 대안을 탐색해볼 수 있다.

AI가 촉진하는 경쟁 속에서 '뒤처짐'에 대한 불안

AI가 업무를 대신하면서 사람들은 더 높은 성과를 요구받고, 자연스럽게 '내가 뒤처지는 건 아닐까?'라는 불안에 빠지게 된다. SNS는 이런 불안을 더욱 부추긴다. 최근 A씨는 SNS 피드를 보다가 또래들이 AI를 활용해 놀라운 성과를 내는 모습을 보았다. 그 순간 '나는 왜 이 정도밖에 못할까?'라는 자괴감을 느꼈다. 마음의 에너지가 소진되고, 일상에서 행복을 느끼기 어려워진다.

사례: 식품유통업체 영업팀 G 과장의 불안

이 업체에는 대면 영업이 익숙한 G 과장과 디지털에 강한 입사 동기 A 과장이 있다.

G 과장은 코로나 이전에는 우수성과자였다. 코로나 이후 유통 분야의 트렌드가 온라인 비대면 판매 쪽의 비중이 늘면서 G 과장은 사무실에서 컴퓨터만 바라보며 일하는 것에 염증을 느낀다고 말한다. 밤 문화가 사라지는 요즘 "옛날이 좋았는데…" 하며 사람 좋아하는 G 과장은 전화기를 들고 콜 영업에 바쁘다. A 과장은 경력이 짧은데도 타사 상품과 비교견적을 내고, 고객의 식품 관련 정보에 따른 전략을 짜고 상품 설명 대본까지 완벽하게 숙지하고 있었다. 오늘은 G 과장이 어떻게 일을 하는지 지켜보기로 했지만 컴퓨터 앞에서 서류를 만드는 줄 알았고 별다른 차이를 모르고 있던 G 과장은 A 과장이 휴대폰을 들고 나간 시간인데도 모니터에는 텍스트가 찍히고 있었다. '뭐길래 20분이 지나도 데이터가 계속 올라오는 거지?' 호기심이 생긴 G 과장은 A 과장의 모니터에 가까이 다가가자 원격으로 일을 하고 있다는 것을 알게 됐다. '분명 A 과장은 음성통화 중이었는데…?' 바로 GPT 4.0 휴대폰 앱으로 대화하고 있던 내용이 텍스트로 찍히고 있었던 것이다. A 과장이 AI를 활용해 놀라운 실적을 올렸다

는 소식을 보며 A 과장이 발전하고 성장한 것을 보고 부러우면서도 빠르게 변하는 디지털 업무 환경이 점점 두려운 G 과장은 언제부터인지 고객들도 대면 상담보다는 모바일이나 온라인으로 자료부터 비교견적을 받고 싶어 하는데 타사 상품과 분석하고 비교견적을 내는 데 단 몇 분밖에 안 걸리는 A 과장의 능력이 AI였다니 하고 생각했다. "나도 AI를 쓸 줄 알아야 할 텐데… 컴퓨터 학원을 끊어야 하나… 허허허" 하며 너스레를 떨었는데 주변에 후배 사원들이 피식거리며 하는 말, "과장님, 아재개그 하시는 거죠?"라는 말에 귀가 빨개졌다. 순간적으로 드는 생각, '내가 너무 옛날 사람인 건가?'

그 결과 마음의 에너지가 떨어지고, 일상도 의무감에 매몰되며 행복과 점점 멀어진다. G 과장은 뒤처진다는 기분이 불편해졌다. 아쉬운 소리 하며 배우자니 자존심이 상하고, 마음이 적잖이 복잡해졌다.

점점 더 미개인이 되어가는 것 같은 우울감은 번아웃으로 이어져 '이직을 해야 하나… 한동안 앞으로 어떻게 살아야 하나' 생각하며 막막했다고 한다. 사실 작년에 오픈형 AI인 GPT 3.5 앱을 휴대폰에 깔아 몇 번은 써봤지만 뭘 시켜야 좋을지 모르고 질문부터 쓸 줄 몰라 부끄럽기도 했다. 이참에 GPT 4.0을 설치해서 사용해보니 세상에나, 말로 해도 다 알아듣고 너무 똑똑해서 사람 같다며 즐거워하고 있는 자신과 마주했다. 나이 50이 넘어도 계속 배워야 하는 요즘 세상이 원망스럽다. 너무 빠르게 변하는 디지털 문명에 멀미가 나고, "AI까지 등장해서 더 귀찮아졌어"라며 마음속에서는 이미 저항이 일어나는 양가감정의 상태가 느껴지고 내심 불안감을 느끼며 어쩔 수 없이 수용할 수밖에 없다는 식이었다.

편집된 업무, 단편화된 일상 속에서 번아웃 증가

AI가 업무 속도를 높이면, 개인 차원에서는 러닝과 활용도를 높이기 위해 끊임없이 노력해야 한다. 성장 자체를 즐기는 사람도 있지만, 많은 경우 '더 이상 마음이 따라가지 않는다' 하는 느낌과 함께 번아웃을 겪게 된다.

① 번아웃(Burnout)이란?

장기간 지속된 과도한 스트레스와 업무 부담으로 인해 신체적·정신적 에너지가 고갈되는 상태를 말한다. 단순한 피로와 다르게 번아웃은 의욕 상실, 감정적 탈진, 신체적 증상을 동반하며 일과 삶의 질을 심각하게 저하시킨다.

- **정신적·감정적 소진:** 작은 일에도 쉽게 지치고, 피곤함이 사라지지 않고, 무기력함과 우울감을 자주 느낀다.
- **업무 효율 저하:** 집중력이 떨어지고, 생산성이 눈에 띄게 감소한다. 사소한 실수를 반복하며, 업무 성과에 대한 자신감을 잃는다.
- **냉소적 태도 변화:** 동료나 고객에게 감정적으로 거리를 두거나 선을 긋는 태도가 나타난다. '이 일이 무슨 의미가 있지?'라는 회의감으로 결국 직장에 대한 애착이 줄어들고, 퇴사를 고민하게 된다.
- **신체적 이상 반응:** 두통, 위장 장애, 불면증 등 신체적 증상이 나타나거나 면역력이 떨어지고, 잦은 감기나 잔병치레가 생긴다.

② 번아웃의 주요 원인들

- **과도한 업무량:** 쉬는 시간 없이 지속되는 업무로 인해 정신적·육체적 에너지가 고갈, 과로가 누적되면 정상적인 휴식으로도 회복이 어렵다.
- **높은 성과 압박:** '더 잘해야 한다'라는 강박이 스트레스가 되어 지속적인 긴장 상태로 피로도가 높을 수 있으며 AI와 자동화 기술로 인해 더 빠르고 효율적인 결과를 요구받으며 압박이 심해진다.
- **업무와 삶의 경계 모호:** 재택근무, 원격근무 등으로 인해 일과 개인 시간이 분리되지 않고 '일을 끝냈다'라는 명확한 종료점 없이 항상 업무에 연결된 상태가 지속된다.
- **자율성과 보상의 불균형:** 많은 노력을 들였음에도 적절한 보상이나 인정이 없을 때 번아웃이 심화되며 업무를 스스로 조절할 수 있는 자율성이 부족하면 통제력을 상실한 느낌을 받는다.

③ 번아웃을 예방하고 극복하는 방법

AI 시대에는 '빠르게 성장해야 한다'라는 압박이 더욱 커지고 있다. 하지만 무리하게 달리다 보면 번아웃이 찾아오고, 결국 성장도 지속할 수 없다. 번아웃을 예방하고 극복하기 위해서는 자신의 에너지가 유한함을 인정하고, 적절한 휴식과 균형을 찾는 것이 핵심이다. 결국, 오래 달릴 수 있는 사람은 '변화에 유연하게 적응하며 행복하게 성장하는 사람'이라고 할 수 있다.

- **적절한 휴식과 재충전:** 일정에 의도적으로 휴식 시간을 포함해 번아웃을 미리 방지할 수 있다. '해야 할 일'뿐만 아니라 '하고 싶은 일'도 일정에 넣어 균형을 맞춘다.
- **업무량과 목표 조절:** 현실적인 목표를 설정하고, 완벽주의에서 벗어나 적당한 수준에서 만족하는 연습을 한다. '끝없는 성장'이 아니라, '지속 가능한 성장'을 목표로 한다.
- **일과 삶의 균형 맞추기(Work-Life Integration):** 퇴근 후 업무와의 연결을 차단한다. AI가 업무 속도를 높여도, 개인의 리듬에 맞춰 성장하는 것이 더 중요하다.
- **스트레스 관리 및 감정 케어:** 마음 챙김 명상, 일기 쓰기, 감사 노트 등을 통해 감정을 정리한다. '나는 왜 이렇게 부족할까?' 낙심하기보다는 '지금까지 잘해왔고, 조금씩 성장하고 있다'라며 자기 대화(Self-talk)를 긍정적으로 바꾸는 연습을 한다.
- **긍정적인 커뮤니티와 네트워크 활용:** 독주형 경쟁이 아니라, 동료들과 협업하고 서로 격려하는 분위기로 건강한 관계 속에서 함께 성장하는 것이 번아웃을 막는 중요한 요소다.

②
AI 시대, 행복을 찾는 심리학적인 접근

고맙게도 심리학은 행복을 뚜렷하게 다루어왔다. 긍정심리학, 감정지능(EQ), 몰입(Flow) 등 수많은 이론이 '인간이 어떻게 행복을 느끼고, 성과와 만족을 함께 이룰 수 있는지'를 실증적으로 연구해왔다.

긍정심리학(Positive Psychology)

행복은 단순히 쾌락에서 오는 것이 아니라 의미, 가치, 성장, 관계에서 비롯된다는 점을 이해하는 것이 중요하다. 미국의 저명한 심리학자 마틴 셀리그만(Martin Seligman)은 '긍정심리학'의 창시자로서 펜실베이니아 대학교 심리학과 교수로 재직하며 미국 심리학회(APA) 회장을 역임했다. 그는 초기 연구에서 '학습된 무기력(learned helplessness)' 개념을 제시하며, 통제할 수 없는 상황에서 반복적으로 실패를 경험한 개인이 무기력해지는 현상을 연구했다. 이후 그는 연구 방향을 전환하여 인간의 긍정적인 면에 주목하게 되었고, 이를 통해 긍정심리학의 'PERMA' 모델이 탄생하게 되었다.

셀리그만의 행복한 삶을 위한 'PERMA'의 다섯 가지 요소는 다음과 같다.

- **긍정적 감정(Positive Emotions):** 기쁨, 감사, 사랑 등 긍정적인 감정을 자주 경험하는 것.
- **몰입(Engagement):** 어떤 활동에 깊이 빠져 시간 가는 줄 모르는 상태.
- **관계(Relationships):** 가족, 친구 등과의 긍정적인 인간관계.
- **의미(Meaning):** 삶의 목적과 의미를 찾는 것.
- **성취(Accomplishment):** 목표를 설정하고 달성하는 것.

이처럼 미국의 심리학자 마틴 셀리그먼(Martin Seligman)이 창시한 긍정심리학은 단순히 우울이나 불안을 치료하는 것이 아니라, 인간이 더 나은 삶을 살기 위해 필요한 요소를 연구하는 학문이다(참고 자료: TED 마틴 셀리그만 [긍정심리학을 말하다] https://youtu.be/GpiBCbl5wcw).

감정지능(EQ)

다니엘 골먼(Daniel Goleman)은 미국의 심리학자이자 작가로, 1995년 저서 『Emotional Intelligence』를 통해 감정지능(EQ) 개념을 대중화했다. 그는 하버드대학교에서 임상심리학 박사 학위를 받았으며, 이후 뉴욕 타임스에서 과학 저널리스트로 활동했다.

골먼은 감정지능이 개인의 성공과 리더십에 중요한 요소라고 강조했다. 감정지능의 다섯 가지 요소는 다음과 같다.

- **자기인식(Self-awareness)**: 자신의 감정을 인지하고 이해하는 능력.
- **자기조절(Self-regulation)**: 자신의 감정을 관리하고 통제하는 능력.
- **동기부여(Motivation)**: 내적 동기를 통해 목표를 추구하는 능력.
- **공감(Empathy)**: 타인의 감정을 이해하고 공감하는 능력.
- **사회적 기술(Social skills)**: 원만한 대인관계를 형성하고 유지하는 능력.

그의 연구는 업무 성과와 리더십 개발에 큰 영향을 미쳤다. 감정지능이 높은 사람이 더 나은 협업과 의사소통을 통해 조직의 성공에 기여할 수 있음을 보여주었다. 그의 저서들은 전 세계적으로 번역되어 많은 사람들에게 읽히고 있으며, 감정지능의 중요성을 널리 알리는 데 기여하고 있다. 이는 개인의 삶뿐만 아니라 조직과 사회 전반에 긍정적인 영향을 준다. 그의 연구와 저서는 '내 감정과 타인의 감정을 인식하고 조절하는 능력'이 성공과 행복에 큰 영향을 미친다고 강조한다.

AI 시대, 감정지능이 중요한 이유는 대인관계를 원활하게 만들고 협업을 강화하고 자기 감정을 조절하는 능력이 번아웃을 막는 데 도움이 되기 때문이다. 또 이로써 스트레스가 극심한 상황에서도 감정적 균형을 유지할 수 있다. 감정지능이 높은 사람은 스트레스 상황에서도 흔들리지 않을 수 있다. 사람들과 좋은 관계를 유지하며 협업 능력이 뛰어나 행복감을 오래 유지할 수 있다.

몰입(Flow)

미하이 칙센트미하이(Mihaly Csikszentmihalyi, 1934~2021)는 시카고 대학교(University of Chicago) 심리학 박사를 역임했다. 헝가리 출신의 외교관 가정에서 태어나 제2차 세계대전 중 헝가리가 전쟁으로 큰 피해를 입어 어린 시절부터 인간의 행복과 삶의 의미에 대한 깊은 관심을 갖게 되었다고 한다.

전쟁 후 유럽이 황폐해진 모습을 보고, 인간의 심리와 행복에 대한 연구를 결심하여 22세 때 이탈리아에서 미국으로 이주하여 새로운 삶을 시작하며 심리학에 관심을 갖게 되었다. 철학, 예술, 과학을 통해 인간의 행복을 이해하고 싶었기 때문이었다.

긍정심리학의 창시자인 마틴 셀리그만과 협력하여 행복과 성취 연구 발전에 기여했다. 경영학적으로 직원들의 업무 몰입도를 높여 생산성을 향상하고, 교육적으로도 학생들이 학습에 몰입할 수 있도록 교육 방법을 개선하며, 스포츠 운동선수들이 경기 중 최고의 퍼포먼스를 발휘할 수 있도록 하는 훈련 등 다양한 분야에서 몰입 개념이 활용되었다.

그는 이처럼 '몰입(Flow)' 개념을 만든 심리학자다. 몰입 상태에 들어가면 우리는 최고 성과와 행복을 동시에 경험한다. 즉, 사람이 완전히 집중하고 즐겁게 일할 때 최고의 성과와 만족감을 얻을 수 있다고 설명했다.

몰입(Flow)이란

몰입이란 시간이 사라지고, 완전히 빠져드는 상태를 말한다. 업무에 집중하느라 시간 가는 줄 모르게 되는 경험을 하거나, 게임이나 운동을 하다 보면 주변 소리가 안 들리고 눈앞의 일에만 몰두하게 되는 순간이 있다. 이처럼 사람이 몰입 상태에 있을 때 가장 창의적이고 행복하다고 주장했다.

몰입의 핵심 요소 3가지

① 도전 수준과 능력이 적절히 맞아야 한다
너무 쉬우면 지루하고 너무 어려우면 불안감이 커져서 포기하게 되니까 적당히 어려운 목표를 설정해야 몰입할 수 있다.

② 명확한 목표와 즉각적인 피드백이 있어야 한다
'내가 지금 하고 있는 일이 왜 중요한가?', '지금 제대로 가고 있나?' 이런 점을 계속 확인하면서 작업해야 몰입할 수 있다. 예를 들어 축구 경기에서 골을 넣을 때까지 집중하는 것처럼, 목표가 뚜렷할수록 몰입이 쉬워진다.

③ 방해 요소가 없어야 한다
카톡, 이메일, 스마트폰… 이런 게 많으면 몰입을 유지하기 어렵다. 따라서 딥워크(Deep Work), 즉 한 번에 하나의 일에만 집중하는 전략이 필요

하다.

몰입의 8가지 특징

① **완전한 집중:** 외부 방해 없이 일에만 몰두.
② **시간이 빠르게 흐름:** 집중하다 보면 시간이 어떻게 갔는지 모름.
③ **행동과 인식의 합일:** 내가 하고 있는 일에 완전히 동화됨.
④ **명확한 목표:** 다음 단계가 분명하게 보임.
⑤ **즉각적인 피드백:** 내가 잘하고 있는지 바로 확인 가능.
⑥ **과제가 도전적이지만 수행 가능:** 너무 어렵지도, 너무 쉽지도 않음.
⑦ **자신의 능력을 충분히 발휘:** 최상의 실력을 발휘하는 상태.
⑧ **몰입 자체가 보상:** 보상을 받지 않아도 하는 것 자체가 즐거움.

쉽게 말해, 게임이나 좋아하는 취미에 빠져들 때와 비슷한 느낌으로 비로소 몰입할 때 즐길 수 있게 된다는 것이다.

30대 직장인이 몰입을 활용하는 방법

① 업무의 몰입

- **시간을 차단하자:** 이메일, SNS, 전화 알림을 끄고 90~120분 동안

한 가지 일에만 집중.
- **몰입을 위한 목표 설정:** '오늘 이 보고서를 완성하겠다' 같은 구체적인 목표를 세우기.
- **작업 루틴 만들기:** 같은 시간, 같은 장소에서 작업하면 몰입이 쉬워짐.

② 자기 계발의 몰입

- 운동, 악기 연주, 글쓰기 등 몰입할 수 있는 취미를 찾기
- '이걸 배우면 어디에 쓸 수 있을까?' 목표를 명확히 하기
- 성취감을 높이기 위해 작은 목표부터 시작하기

③ 인간관계에서도 몰입을 활용하자

- 대화할 때 폰을 내려놓고 상대방에게 온전히 집중하기
- 가족, 친구와의 시간도 목표를 가지고 의미 있게 보내기

AI가 단순 반복 업무를 대신해주는 시대에는, 인간의 창의력과 집중력이 더 중요한 경쟁력이 된다.

업무에 몰입하는 습관을 기르면 성과와 행복을 동시에 얻을 수 있다. 의미 있는 일에 집중할수록 번아웃을 줄이고 만족감을 높일 수 있다. 몰입을 연습하면 회사에서도 성장하고, 인생에서도 즐거움을 찾을 수 있을 것이다. 자잘한 업무를 줄이고, 도전적인 과제를 찾고, 업무에서 의미를 찾고, 흥미를 느낄 수 있도록 조정한다.

3

왜 AI 시대에 '진짜 행복'이
더욱 중요한가?

'스펙·성과'만 좇으면 쉽게 지친다

AI가 발전하면서 더 높은 성과가 요구되는 건 사실이다. 하지만 사람은 '기계'가 아니다. 지속적인 성장을 위해서는 내면의 동기와 행복감이 뒷받침되어야 한다. 행복 없이 성과만 추구하면 결국 탈진을 불러오고, 한번 무너지면 회복하기가 어렵다. AI 시대는 경쟁이 심해졌지만, 장기적으로 지속할 수 있는 성장과 균형을 찾는 것이 더 중요하다.

인간적 가치를 재발견하는 계기

'AI가 못하는 건 무엇일까?'라는 질문은 곧 '인간만이 할 수 있는 건 무엇일까?'로 이어진다. 답은 공감, 감정, 의미 추구 같은 요소들이다. 행복을 느끼고, 타인과 함께 성장하는 능력은 AI가 대체할 수 없는 영역이다.

인간의 행복은 단순한 감정의 문제가 아니다. 연구에 따르면, 행복감이 높은 사람과 조직이 더 창의적이고 혁신적이며, 장기적으로 더 좋은 성과를 낸다. 개인의 만족을 넘어 조직과 사회의 발전에도 중요한 역할을 한다. 행복한 사람은 더 나은 결정을 내리고, 협업을 원활하게 하며, 어려운 상황에서도 회복력이 강하다.

긍정심리학자 마틴 셀리그먼(Martin Seligman)의 연구에 따르면, 행복은 단순히 즐거움을 느끼는 것이 아니라 의미 있는 목표를 추구하고, 긍정적인 관계를 형성하며, 성취감을 느끼는 것에서 비롯된다. 즉, PERMA 모델(긍정 정서, 몰입, 긍정적 관계, 의미, 성취)을 실천하는 것이 중요하다. AI 시대에도 '인간의 강점과 내면적 가치를 키우는 것', 즉 본질은 변하지 않는다는 진리를 다시 한번 확인할 수 있고, 그것이야말로 '인간적인 이유'이다.

AI 시대, 진짜 경쟁력은 '행복한 사람'

과거에는 생산성과 효율성이 성공의 핵심이었다. 하지만 AI가 많은 업무를 자동화하면서 인간의 경쟁력은 다른 방향으로 이동하고 있다. 이제 중요한 것은 AI가 할 수 없는 영역, 즉 창의성, 비판적 사고, 공감, 관계 형성 같은 요소다. 이 모든 능력의 기반에는 '행복'이 있다.

행복한 사람은 스트레스를 효과적으로 관리하고, 실패에서도 빠르게 회복하며, 동료들과 협업할 때도 긍정적인 영향을 미친다. 반대로 지속적인 압박과 불안 속에서는 인간의 사고력과 창의성이 제한되며, 장기적으로 조직에도 부정적인 영향을 줄 수 있다.

감정지능(EQ) 연구에서도 감정을 인식하고 조절하는 능력이 높은 사람이 업무 성과가 뛰어나고, 조직 내에서 더 강한 리더십을 발휘한다는 사실이 확인되었다. 이는 AI 시대에 더욱 중요한 요소로 작용하며, 인간적인 요소가 오히려 경쟁력의 핵심이 됨을 시사한다.

AI 시대에 진짜 행복을 찾는 것은 단순한 사치가 아니라 필수적인 전략이다. 단기적인 성과를 위해서가 아니라 지속 가능한 성장과 발전을 위해서라도, 인간은 자신의 행복을 최우선으로 고려해야 한다.

④
멈추지 않는 성장 vs. 번아웃

"더 잘해야 해, 더 빨리 성장해야 해."

AI 시대, 이 말은 더욱 강렬하게 들린다. 지금도 수많은 사람들이 자기계발과 스펙 쌓기에 몰두하고 있다. 문제는, 이 멈추지 않는 성장 욕구가 번아웃(burnout)이라는 심각한 심리·신체적 탈진 상태로 이어질 수 있다는 점이다.

여기서는 AI 시대에 더욱 가속화되는 성장 압박과 번아웃의 위험을 살펴보고, 어떻게 '행복'과 '지속 가능성'을 함께 유지할 수 있는지 탐구한다. '일'과 '삶'의 균형을 이루면서도 성장을 놓치지 않는 전략을 세워보는 것을 통해, 건강하고 유연하며 지극히 인간적인 삶을 그려볼 수 있다면 걱정보다는 기대감을 갖게 될 수도 있지 않을까 생각해본다.

5

과도한 경쟁과
자기 계발 사이에서 균형 찾기

무한 스크롤 시대, 끝없는 비교와 압박

SNS를 열면 동료들이 AI 툴을 활용해 놀라운 성과를 내고, 각종 세미나와 공부 모임, 자기 계발 인증이 넘쳐난다. 자연스럽게 '나도 뒤처지면 안 되는데…'라는 압박이 밀려온다.

AI가 업무 효율과 학습 속도를 높여준다고 하지만, 역설적으로 '내가 더 열심히 해야 한다' 하는 심리를 부추기기도 한다. 사람마다 속도와 리듬이 다름에도, '저 사람처럼 해야 하나?'라는 비교로 인해 스트레스가 쌓일 수 있다.

성취 중독 vs. 건강한 성장

끊임없이 배우고 도전하는 것은 분명 인생의 활력을 준다. 하지만 '성취

중독' 상태에 빠지면, 의미나 즐거움 없이 '더, 더!'라는 강박만 남게 된다.

성취 중독의 특징

성취를 해도 금방 공허함을 느낀다. '이제 만족할 때가 됐다'라는 감각이 사라진다거나, 성장이 빨라질수록 더 강도 높은 목표를 스스로에게 부여하는 상태가 지속되면 '번아웃'을 피할 수가 없게 된다.

(6)

'일'뿐 아니라 '삶' 전체를
풍요롭게 만드는 전략

행복과 성과, 둘 다 잡을 수 있을까?

심리학 연구(긍정심리학, 조직행동론 등)에 따르면, 행복감이 높은 개인이 오히려 더 높은 성과를 내는 경우가 많다. 즉, '행복 vs. 성과'는 양자택일이 아니며, 이 둘을 동시에 추구하는 것이 가능하다는 뜻이다.

행복감이 높으면 스트레스가 잘 해소되고, 번아웃 확률이 낮으니 장기적 유지가 가능해진다. 창의력, 집중력, 회복탄력성도 상승하여 AI 시대의 빠른 변동에도 유연하게 대응할 수 있다.

행복과 성과, 둘 다 잡을 수 있는 '일뿐 아니라 삶' 전체를 풍요롭게 만드는 전략은 '행복한 사람'이 되는 것이다. 행복한 사람은 스트레스를 효과적으로 해소해 번아웃 확률이 낮다. 창의력, 집중력, 회복탄력성이 높아 빠른 변화에 유연하게 대응한다. 과거에는 워라밸(Work-Life Balance)이 중요했지만, AI 시대에는 '일과 삶이 자연스럽게 연결되는 상황'이 많아졌기 때문이다.

① 일과 삶의 통합(Work-Life Integration)

심리학 연구(긍정심리학, 조직행동론 등)에 따르면, 행복감이 높은 개인이 오히려 더 높은 성과를 내는 경우가 많다. 즉, '행복 vs. 성과'는 양자택일이 아니라, 동시에 추구할 수 있는 개념이다.

② 일과 삶의 통합(Work-Life Integration) 전략

AI 관련 지식을 공부하면서 업무 효율도 높인다. SNS를 통해 취미와 경력을 연결하고 일과 삶을 균형 있게 조정하며 '천천히, 꾸준하게, 지속 가능한 방식으로 성장하는 것', 즉 '슬로 성장(Slow Growth)'을 실천한다.

7

번아웃을 피하는 구체적 방안
– 시간 관리, 휴식, 마음가짐

내 에너지는 한계가 있다는 인식

열정이 넘칠수록 자신의 한계를 인식하지 못하고 달리다가 에너지가 바닥나는 경우가 많다. 내 에너지가 무한하지 않음을 인정하는 것이 첫걸음이다. 한 주에 하루나 이틀은 의도적으로 휴식을 계획해야 한다. AI가 업무 속도를 높였다고 쉬는 시간까지 줄이면 역효과가 난다.

업무와 학습에 인공호흡: 포모도로(Pomodoro) 기법

'25분 집중 + 5분 휴식'을 반복하며 업무 효율을 극대화하는 시간 관리 기법이다.

- 25분 집중, 5분 휴식을 반복하면서 업무 효율 극대화.

- 90~120분마다 15~20분의 긴 휴식을 통해 집중력 유지.
- 업무 집중도를 높이기 위해 불필요한 알림 차단(이메일, SNS, 메신저).
- 스트레칭과 가벼운 움직임으로 신체 피로 최소화.

사례: 경영지원팀 경력직 신입 사원 S 주임의 포모도로

업무일과표 업무상 타 부서와의 계속적인 업무 협조가 필요한 경영지원팀의 S 주임은 수시로 드나드는 직원들 때문에 한 번에 일을 마무리 짓기 어려울 만큼 집중하기가 어렵다. 그런 그녀는 얼마 전부터 책상에 타이머를 올려두고 업무를 보기 시작했다. 그녀의 포모도로 업무 일과표를 전사적으로도 공유했다.

오전 10시 10분부터 11시 5분에 맞춰서 이메일을 통해 업무 협조 사항을 접수하고 오후 15시부터 15시 25분까지는 업무 처리를 답신 처리하고 있는 루틴에 맞춰서 전 직원들이 신입 사원인 그녀를 배려하고 있다. 그녀의 얼굴에 미소가 흐릿해지지 않도록 관리하고 있는 모습에 다른 부서 주임급 사원들도 포모도로 기법으로 휴식 시간을 맞춰서 짧게나마 스몰토크를 나누며 분위기 환기를 하는 모습을 보면서 '잘 쉬면서도 능률을 높이는 것이 핵심!'이라는 것을 알 수 있었고 오전에는 집중 업무, 오후에는 협업 업무를 배치하고 업무 피드백을 받을 때마다 개선점을 기록하고 적용했다.

컴퓨터 작업 중간에 옥상 산책과 스트레칭을 하면서 피로감을 줄이며 능률을 올리는 모습을 볼 수 있었다.

시간대	업무 내용	포모도로 세션	휴식
09:00 - 09:10	출근 및 업무 준비 (이메일 확인, 일정 점검)	-	-
09:10 - 09:35	문서 작성 및 데이터 정리	1세트(25분)	5분
09:40 - 10:05	회의 자료 정리 및 보고서 작성	2세트(25분)	5분
10:10 - 10:35	엑셀 데이터 정리 및 검토	3세트(25분)	5분
10:40 - 11:05	부서 협업 업무(결재 요청, 메일 확인 등)	4세트(25분)	5분
11:10 - 11:35	교육 자료 학습 및 사내 시스템 익히기	5세트(25분)	5분
11:40 - 12:00	오전 업무 정리 및 주요 메모 정리	6세트(20분)	-
12:00 - 13:00	점심시간	-	-
13:00 - 13:25	업무 계획 점검 및 우선순위 정리	7세트(25분)	5분
13:30 - 13:55	서류 검토 및 결재 요청 정리	8세트(25분)	5분
14:00 - 14:25	팀 프로젝트 협업 (회의 준비, 자료 공유)	9세트(25분)	5분
14:30 - 14:55	주요 보고서 작성 및 업무 분석	10세트(25분)	5분
15:00 - 15:25	이메일 응답 및 협업 관련 커뮤니케이션	11세트(25분)	5분
15:30 - 15:50	커피 브레이크 및 스트레칭	-	-
15:50 - 16:15	데이터 분석 및 자료 조사	12세트(25분)	5분
16:20 - 16:45	교육 및 자기 계발(업무 관련 학습)	13세트(25분)	5분
16:50 - 17:15	보고서 마무리 및 피드백 반영	14세트(25분)	5분
17:20 - 17:40	하루 업무 정리 및 다음 날 일정 계획	15세트(20분)	-
17:40 - 18:00	퇴근 준비 및 마무리	-	-

마음가짐: 자기 대화와 감사 습관

① 마음가짐 1. 자기 대화(Self-talk): 자기 대화를 바꾸는 습관 만들기

- 자기 대화가 바뀌면, 인생도 바뀐다.
- 매일 긍정적인 자기 대화 연습하기.
- 부정적인 생각이 들 때 즉시 긍정적인 말로 바꿔보기("나는 아직 부족해" → "내가 이만큼 해냈네! 대단하다").
- 하루를 마무리하며 오늘 잘한 것 3가지 기록하기.

② 마음가짐 2. 감사 노트(Gratitude Notebook): 매일 자기 전에 감사한 일을 3가지 적는다. 감사 습관은 불안과 우울을 줄이고 긍정 에너지를 높이는 효과가 있다.

- "오늘 하루 무사히 보낼 수 있어서 감사해." → 별일 없이 하루를 마무리할 수 있는 것만으로도 충분히 감사할 일!
- "나를 응원해주는 좋은 사람들(가족, 친구, 동료)이 있어서 감사해." → 주변의 지지와 사랑을 받을 수 있음에 감사하는 마음을 가져보자.
- "지금 하는 일(직장, 업무, 프로젝트)을 통해 배우고 성장할 기회를 얻어서 감사해." → 일이 힘들더라도, 그 안에서 성장의 기회를 발견할 수 있음에 감사하자.
- "따뜻한 커피 한잔을 마실 수 있어서 감사해." → 일상의 작은 즐거움을 소중하게 여기는 마음이 행복을 키운다.

- "오늘 힘들었지만, 그래도 포기하지 않고 끝까지 해낸 내 자신에게 감사해." → 자기 자신에게도 감사할 줄 아는 태도가 자존감을 높여준다.

행복은 선택이자 학습이다

AI 시대에는 '더 빠르고, 더 효율적이고, 더 많은 성과'를 말하지만, 인간은 감정과 마음을 가진 존재라는 사실을 잊으면 안 된다.

행복은 운이나 환경이 자동으로 가져다주는 게 아니라, 긍정심리학과 EQ, 몰입 이론을 통해 의도적으로 학습하고 실천할 수 있는 영역이다.

이제 제6장의 다음 소제목에선 행복과 성과를 동시에 추구하는 길이 무엇인지 구체적으로 탐구할 예정이다. 'AI 시대, 결국 인간다움이 답이다'라는 메시지가 여기서도 관통한다. 내 마음을 단단히 지키고 행복을 소중히 여기는 사람에게는, AI라는 변화가 기회와 성장으로 이어질 것이기 때문이다.

'진짜 행복이란, 인생을 흔드는 거대한 파도 속에서도 내 마음의 돛을 단단히 잡는 힘이다.' 지금 AI라는 파도가 거세게 몰려오지만, 행복이라는 돛이 흔들림 없다면 우리는 어디든 향할 수 있다.

8

AI 시대, '현명한 욕심'을 키우는 법

끝없는 경쟁이 아니라, 지속 가능한 성장 곡선

AI가 발전할수록 '한 달 안에 AI 마스터' 같은 무리한 목표가 등장할 수도 있다. 하지만 인간은 점진적인 성장을 더 잘 감당한다.

OKR(목표 관리)이나 애자일 스프린트 방식을 적용하여 단기 목표를 설정하고 '달성 → 피드백 → 휴식 → 다음 단계로 나아가기' 과정으로 나아간다. 이렇게 하면 '끝이 보이지 않는 성장 압박' 대신 '이번 사이클만 해내면 돼'라는, 관리 가능한 도전이 생긴다.

경쟁보다 협업, 비교보다 영감

'저 사람은 AI로 벌써 뭘 했네…' 대신, '어떻게 하면 함께 시너지를 낼까?'를 고민하는 태도가 중요하다.

SNS를 활용할 때도 다른 사람의 성공을 보고 질투하기보다, '나도 힌트 얻고 성장해야지!'라는 시각을 가지면 마음이 훨씬 편하다.

'일'과 '삶'을 풍요롭게 만드는 3가지 제안

① **목표 리듬화:** 2~4주마다 작은 목표를 설정하고 끝나면 스스로를 칭찬하고 휴식을 취한다.
② **휴식·문화·취미:** AI 시대에 효율만 따지다 보면 감정을 돌볼 틈이 없어지므로 의도적으로 취미와 여유를 챙긴다.
③ **긍정 커뮤니티 참여:** AI와 자기 계발에 관심 있는 사람들과 경험을 공유하면 독주식 경쟁 압박이 줄어든다.

작은 감사, 회고, 마음 챙김

'하루 단 5분의 마음습관이, AI 시대에 나를 지켜줄 방패가 된다.'
앞서 우리는 AI 시대에 끊임없이 달리다 보면 번아웃에 빠질 위험이 크고, 진짜 행복이 무엇보다 소중하다고 이야기했다. 이제 그 행복을 구체적으로 실현하고, 내 마음을 단단히 지키기 위한 방법으로 작은 감사, 회고, 그리고 마음 챙김(명상)을 소개한다. 이는 '핵심은 사람이지만, 기술이 보조해줄 수 있는 부분도 많다'라는 관점에서, AI가 일부 촉진해줄 수 있음을 염두에 두고 살펴본다. 명상, 일기, 감사 노트 등 구체적 실천 가이드는 아래와 같다.

명상: 바쁜 시대, 멈춤의 기술

① **마음 챙김(Mindfulness) 명상: 2~10분만이라도 눈을 감고 호흡에 집중하는 행위.**

- **효과:** 심박수와 뇌파를 안정시키고, 스트레스를 낮춰 번아웃을 예방한다. 긍정심리학에서도 심신 안정이 행복감과 몰입(Flow)에 큰 도움이 된다고 강조한다.
- **실천 팁:** 아침 기상 직후 혹은 잠들기 전에 5분. AI 명상 앱(예: Calm, Headspace, Kor 유사 앱)이나 ChatGPT를 통해 짧은 가이드를 대화 형식으로 받아 볼 수도 있다.

② **3-7-8 호흡법**

대니얼 골먼의 저서 『EQ 감정지능』에 소개된 기법으로, 스트레스 감소와 심신 안정에 간단하고도 효과적인 명상 기법이다.

편안한 자세로 앉거나 누워서 몸의 긴장을 풀고 안정된 상태를 만든다.

코로 3초간 숨을 들이마신다. 이때 배가 부풀어 오르는 것을 느낀다.

숨을 멈추고 7초간 유지한다. 이 과정에서 몸의 산소를 충분히 활용하게 된다.

입으로 8초간 천천히 숨을 내쉰다. 이때 몸의 긴장이 풀리는 것을 느낀다.

4회에서 8회 정도 반복하면 마음이 차분해지고 집중력이 향상되는 효과를 얻는다.

이 호흡법은 특히 업무 중간의 짧은 휴식 시간이나 스트레스가 쌓였을 때 활용하기 좋다. 규칙적인 실천을 통해 일상생활에서의 스트레스 관리와 정신적 안정을 도모할 수 있다. 2~3분간 깊은 호흡을 하며 긴장을 푼다. 로테이션 방식을 사용하여 집중 업무 후 가벼운 업무로 전환해 뇌를 쉬게 한다.

사례: 해외영업팀 경력직 신입 사원 H 차장님의 명상 호흡법

해외영업팀 경력직 신입 사원 H 차장님의 요즘 스트레스 관리는 3-7-8 명상 호흡법이다. 해외영업팀에서는 목소리도 우렁차고 웃음소리도 크신 H 차장님이 요즘 온화해지셨다며 주위 평판이 달라졌다. 영어로 소통하기 때문에 항상 속 시원한 소통이 어렵다는 그는 늘 답답함을 호소하며 극심한 스트레스를 받아왔지만 늘 다음 일정에 지장을 주고 있다고 여긴 특단의 조치로 마음을 다스려야겠다는 결심을 한 후 그가 정한 방법은 바로 명상이었다. 그가 침착하게 일에 몰입할 수 있는 힘은 바로 명상이었다(출처: 귓전ASMR 유튜브 https://youtu.be/y9DX2g44OyM).

일기·회고: 내 생각과 감정을 정리하는 힘

① **일기(저널링)**: '오늘 있었던 일', '느낀 점', '앞으로의 계획'을 간단히 적어보는 습관이다. 뇌과학적으로 글쓰기는 감정을 객관화하고, 스트

레스 해소에 도움을 준다.

② **주간 회고:** 한 주를 마무리하며 '잘한 것·못한 것·배운 것·다음 주 시도할 것'을 적는 반성과 탐구의 과정이다. 성장 마인드셋과 결합하면 매주 한 단계씩 발전한다는 느낌을 준다.

③ **AI 활용:** ChatGPT에게 "오늘 내가 쓴 일기 요약하고, 스스로 코칭 질문 만들어줄래?"와 같은 요청이 가능하다. 일기 내용을 토대로 관점이나 인사이트를 얻을 수도 있다.

결론

AI 시대는 기회가 풍성한 동시에, 끝없는 경쟁과 속도전이 펼쳐지는 환경이다. 행복과 의미를 경시한 채 달리기만 한다면 번아웃은 시간문제다.

하지만 '내 에너지는 유한하다'라는 사실을 명심하고, '멈추지 않는 성장'과 '적절한 휴식·행복' 사이의 균형을 찾는다면 우리는 '지속 가능한 성취와 기쁨'을 모두 누릴 수 있다.

'달리되, 지치지 않는 법을 배워라.' AI 시대, 오래 달릴수록 승자는 결국 '행복하게 성장하는' 사람이다.

제7장

미래 설계와 성과 가속

― AI 시대의 미래 설계 실천과 적용

위대해질 필요는 없지만,
위대해지려면 시작해야 합니다.
- Zig Ziglar

①
AI는 이제 '같이 일하는 파트너'다

예전엔 일정을 손으로 그렸지만, 이제는 AI가 도와준다. 예를 들어 ChatGPT에게 "이 목표를 달성하려면 어떤 단계를 밟아야 할까?"라고 물어보면 구체적인 계획을 제시해준다. Notion, Trello, Asana 같은 툴로 연간 로드맵을 시각화하면 실행력이 높아진다. 월별, 분기별 리뷰도 AI에게 물어보며 점검할 수 있다. 아직 완벽하지는 않지만, 분명 큰 도움이 될 수 있다.

AI 시대, 흐름에 휩쓸리지 않고 내가 원하는 방향으로 나아가려면?

이 질문이 자기 계발 끝판왕의 최종 단계이다. 이전 장들에서 변화와 성장, 행복, 조직 문화까지 다뤘다면 이제 개인이 진정으로 자신만의 미래를 설계하고 실천하는 구체적 방법을 고민해야 한다. 우리는 무수히 많은 기술과 정보, 그리고 경쟁 속에서 때론 방향을 잃기도 한다. 그렇기에 길잡이가 될 로드맵, 즉 1년·3년·5년을 내다보는 단계별 목표와 실행 전략이 무엇보다 중요해졌다. 제7장에서는 왜 로드맵이 필수인지, 어떻게 AI가 이 작업을 도와줄 수 있는지, 그리고 어떻게 측정, 피드백, 수정을 해 나가야 하는지를 체계적으로 살펴보자.

1, 3, 5년 플랜 가치 정립, 목표 설정, AI 활용 플랜

- **1년 플랜:** 작은 습관이 모이면 큰 변화가 따라온다. 당장 실행 가능한 목표를 중심으로 짠다. ChatGPT를 하루 5분씩 써보기, 새로운 업무 프로젝트에 도전하기 등이다. SNS 브랜딩을 시작해보는 것도 좋다.
- **3년 비전:** 현재 내 일이나 사업을 어느 수준까지 끌어올릴 것인지 그림을 그려본다. '3년 후에는 AI를 활용해 이 분야의 전문가가 되겠

다' 같은 선언적 목표가 도움이 된다.

- **5년 미래상:** 내가 원하는 삶의 큰 그림을 떠올린다. 어떤 사람으로 기억되고 싶은가? 무엇을 남기고 싶은가? 이런 질문이 방향을 흔들리지 않게 붙잡아준다.

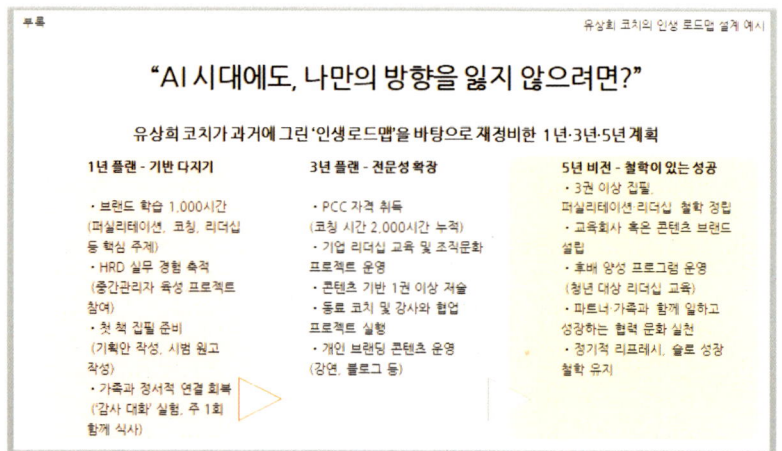

2주~90일 실행 챌린지

로드맵이 미래를 설계하는 항해 지도라면, 지금 당장 움직이게 만드는 건 실행력이다. 많은 사람이 계획은 세우지만, 실천 단계에서 자주 멈춘다. 그래서 2주 또는 90일 단위 챌린지를 통해 빠르게 성과를 내고, 동기부여를 얻는 방식이 필요하다. 단기간 몰입 프로젝트는 눈에 보이는 결과를 만들고, AI 시대에 어울리는 빠른 학습과 성취감을 동시에 가져다준다.

2

일·학습·브랜딩·리더십, 어디든 적용 가능한 단기 챌린지

왜 2주, 왜 90일인가?

- **2주(14일)**: 너무 짧아서 부담 없이 시작할 수 있다. '2주 동안 SNS 콘텐츠를 매일 하나씩 올려보자', '업무 자동화 툴을 하나 써보자' 같은 시도만으로도 충분하다. 짧기 때문에 피드백도 즉각적으로 받고, '나도 할 수 있구나' 하는 자신감을 얻게 된다.
- **90일(3개월)**: 개인이나 조직이 중간 규모 프로젝트를 완수하기에 적당한 기간이다. 예를 들어 '90일 안에 인스타그램 팔로워 2천 명 → 5천 명' 같은 구체적인 목표를 세울 수 있다. 애자일 방식으로 2~4주 단위 스프린트마다 점검하고 조정하면 성과를 안정적으로 끌어올릴 수 있다.

어떤 분야에서 쓸 수 있을까?

- **업무:** AI 도입, 자동화, 보고서 자동 생성 등 실험 프로젝트.
- **학습:** 자격증 준비, ChatGPT 실전 훈련, 언어 공부.
- **브랜딩:** 콘텐츠 연재, 유튜브 및 블로그 채널 키우기.
- **리더십:** 팀 OKR 달성, 팀 문화 개선, 소규모 코칭 정착

단기 챌린지는 연간 로드맵에서 설정한 큰 목표를 더 작은 단위로 쪼개어 실현할 수 있는 좋은 방법이다.

③
체감 성과가 빠르게 나타나는 실행 전략

초단기 챌린지(2주)

ChatGPT 14일 훈련 프로젝트
- **목표:** '업무 자동화 1건 실행', 'SNS 콘텐츠 5개 제작', '영어 회화 매일 30분' 중 하나 선택.
- **방식:** 매일 또는 격일로 30분~1시간 몰입.
- **보상:** 2주 후 나만의 셀프 파티나 작은 선물로 자축

짧고 간단하지만, 확실한 성취를 줄 수 있는 경험이다. 이후 4주, 8주로 확장하기에도 좋다.

분기 프로젝트 (90일)

- **목표:** '90일 내 팔로워 5천 명 달성', 'AI 자동화 업무 3건 도입', '리더십 코칭 2회 받고 회의 문화 바꾸기' 등이다.
- **방식:** 2~4주 단위로 중간 리뷰 → AI를 통한 데이터 분석 → 다음 스프린트 조정.

협업으로 진행하면 더욱 효과가 크다. 개인도 좋지만, 팀 단위 실행은 조직 문화 개선에도 도움이 된다.

AI를 실행 파트너로 활용하는 팁

- **아이디어 수립:** "이 목표 달성하려면 어떤 계획이 필요해?"라고 ChatGPT에 묻기.
- **일정 관리:** Google 캘린더나 Notion과 연동해 자동 알림 및 루틴 관리.
- **성과 추적:** SNS나 업무 결과를 수치화해 AI가 시각적으로 보여주는 대시보드 활용.
- **중간 점검:** 7일 차, 45일 차 등 기준일을 정해 현재 성과에 대한 분석 받기.
- **다음 단계 제안:** 현재 결과를 바탕으로 "이제 뭘 해야 하지?" 물어보면 좋은 힌트를 얻을 수 있다.

왜 체감 성과가 중요한가?

장기 계획은 금방 흐려지기 쉽다. 반면, 짧은 챌린지를 통해 '작은 성공'을 체험하면 '나도 할 수 있구나' 하는 믿음이 생긴다. '실행 → 결과 → 분석 → 개선'이라는 루프가 빠르게 돌아가면 학습 효과가 극대화된다.

함께하는 사람들이 있으면 더욱 좋다. AI 사용 팁이나 노하우도 자연스럽게 나누며 동기부여가 살아난다.

4
극도로 압축된 몰입 경험이 인생을 바꾼다

2주 혹은 90일은 짧지만, 그 안에 몰입과 성장을 압축하면 전환점이 생긴다. '끝판왕 마인드'로 빠르게 실패하고 빠르게 학습한다는 태도가 핵심이다.

- '2주 동안 모든 걸 쏟아붓자'라는 감정 몰입은 평소 루틴과는 전혀 다른 집중력을 준다.
- 성장이 멈춘 것 같은 정체 구간에서도, 짧은 챌린지는 다시 시동을 걸 수 있는 자극이 된다.

성과와 행복을 함께 잡는 비법

"AI 시대, 정말 성과와 행복을 동시에 잡을 수 있을까?" 많은 사람이 이렇게 묻는다. 열심히 일해 성과를 내면 좋지만, 그만큼 소진되고, 결국 행복은 멀어진다고 느끼는 경우가 많다. 하지만 결론부터 말하면, 성과와 행복은 충분히 공존할 수 있다. 아니, **행복한 상태일수록 성과가 더 잘 나온다**는 게 심리학과 실제 사례들이 말해주는 진실이다.

5

소진 없이 장기 지속 가능한 성장 구조

성과와 행복은 반대가 아니다

긍정심리학과 조직행동론에 따르면, 행복한 사람이 더 창의적이고 협업을 잘하며, 결국 성과도 더 높다. 실제로 어떤 기업에서는 '한 달간 감사 이벤트'를 했더니, 직원들의 정서가 좋아지고 매출도 상승했다. 즉, 행복과 성과는 대립하지 않는다. 둘 다 동시에 올릴 수 있는 선순환 구조가 존재한다.

끝판왕 성장 구조의 4요소: 도전, 회복, 보상, 다음 단계

- **작은 도전:** 2주 챌린지, 90일 프로젝트처럼 몰입 가능한 과제를 설정한다.
- **회복:** 도전이 끝나면 의도적인 휴식을 준다. 감사 일기나 회고도 포

함된다.
- **보상:** 스스로를 칭찬하고 작게라도 축하하는 루틴이 동기부여를 끌어올린다.
- **다음 단계:** 다시 새로운 목표를 세우고, AI나 새로운 도구를 더해 도전한다.

이 루틴을 반복하면, 번아웃 없이 지속 성장할 수 있다.

실제 사람들의 변화 사례

① 프리랜서 디자이너 E의 변화

- 예전엔 끝없는 작업에 치여 번아웃이 잦았다.
- 2주 단위 프로젝트와 2~3일 회복 기간을 병행하고, Midjourney나 ChatGPT 같은 도구를 활용해 반복 작업을 줄였다.
- 감사 일기를 통해 멘탈을 관리하며 성장 마인드셋을 유지했다.
- 결과적으로 번아웃이 현저히 줄고, 디자인의 본질에 더 집중할 수 있게 되었으며, 수입과 삶의 만족도도 동시에 상승했다.

② 대기업 중간관리자 F의 전략

- AI 도입 이후 속도는 빨라졌지만, 회의·보고 등 업무는 더 늘어나

스트레스가 심해졌다.
- '90일 목표: 팀 내 자동화 2건 + 주 1회 코칭 세션'을 달성한 뒤, 팀 식사로 소소한 보상을 제공했다.
- 개인적으로는 하루 5분 명상과 감사 노트를 실천했고, ChatGPT로 업무 정리와 감정 정리를 병행했다.
- 그 결과 팀원 만족도와 자신의 리더십 평가가 높아졌고, 스트레스도 크게 줄었다.

핵심 전략 3가지

① 리듬과 휴식의 구조화

- 전력 질주는 오래 못 간다. 스프린트-휴식 구조로 반복하는 것이 장기적 성과를 보장한다.
- 계획적인 휴식은 생산성을 떨어뜨리지 않는다. 오히려 회복을 돕는다.

② 감정과 심리 케어

- 감사, 회고, 명상 같은 루틴은 감정 탱크를 채워주는 역할을 한다.
- 팀 분위기도 달라진다. 공감과 칭찬이 오가는 팀은 협업력도 높다.

③ 반복은 AI에, 의미는 인간에게

- 반복 업무는 AI에 맡기고, 인간은 창의적인 판단, 감정 교류, 관계 형성에 집중해야 한다.
- 성과가 높아질수록 더 가치 있는 일에 집중할 수 있어 자존감과 행복도 같이 올라간다.

'성과만 쫓다 행복을 놓치는 함정'에서 벗어나기

많은 사람이 이렇게 말한다. "성공하면 행복해지겠지." 하지만 실상은 반대다. 성공만 좇다 보면 삶의 의미와 즐거움을 놓치기 쉽다.

- **행복 연구에서 발견된 역설:** 행복한 사람이 성공 확률이 높다는 사실이 여러 연구로 입증됐다.
- **해결책:** 성과만이 아니라 매일의 작고 사소한 행복을 놓치지 말아야 한다. 감사, 관계, 회고 속에서 발견하는 '작은 행복'이 AI 시대의 진짜 경쟁력이 된다.

당신의 끝판왕 스토리를 시작할 시간

- **뚜렷한 장기 로드맵:** 1년, 3년, 5년의 미래를 그린다.

- **2주·90일 챌린지:** 짧고 강한 몰입으로 성취감을 얻는다.
- **소진 없는 성장 시스템:** '회복 → 보상 → 도전'의 루틴으로 계속 나아간다.
- **AI와 협업:** 반복은 AI에게, 의미는 인간이 붙든다.
- **인간다움:** 감정, 공감, 행복을 놓지 않고 살아가는 것이 진짜 끝판왕이다.

지금까지 이 책의 모든 장에서 살펴본 마인드셋, 습관, 브랜딩, 리더십, 심리학적 마음 챙김까지 모두 내 것으로 만든다면 우리는 단순히 성공한 사람이 아니라 행복하게 살아가면서 주변에 긍정적 영향까지 주는 사람이 될 수 있다. AI는 계속 진화할 것이고, 세상도 계속 바뀔 것이다. 완벽한 답은 없지만, 내 삶을 나만의 방식으로 설계하고, 실행하고, 즐길 수 있다면 그것이 최고의 성공이자 행복이다.

성공과 행복은 양립할 수 있다. 그것이 바로 끝판왕의 경지다.

에필로그

"끝까지 나를 살아내는 사람은 무엇이 다른가?"

우리는 이 책을 통해 질문했습니다.

속도가 아니라 방향, 정보가 아니라 정체성, 도구가 아니라 '존재의 본질'이 중요한 이 시대에 당신은 어디에 서 있으며 어디로 가고 있는지를 스스로에게 물어야 합니다.

VITAL은 그런 당신을 위한 나침반입니다.

독자는 각 장을 통해 AI 시대의 변화를 직면했고, 두려움을 직시했으며(Vision Reset), 습관을 설계하고(Identity based Habits), 자신만의 브랜드를 구축하며(True Self Branding), 조직과의 관계 속에서 진짜 리더십의 본질을 되짚었고(Authentic Leadership), 마지막으로 감정과 삶을 통합하는 회복탄력성에 도달했습니다(Life Emotion Mastery).

하지만 진짜 자기 계발은 책을 덮는 이 순간부터 시작됩니다. 책을 읽는 것보다 중요한 건, 나의 오늘이 어제와 무엇이 다른지입니다.

우리 안의 VITAL은 꺼지지 않는 불씨입니다.

이미 당신 안에는 살아남아 끝내 성장할 수 있는 가능성이 있습니다. 그 가능성을 깨우는 데 필요한 건 거창한 변화가 아닙니다. 아주 작은 자각, 사소한 습관, 용기 있는 피드백, 감정을 돌보는 진심, 그리고 지금 이 순간 '나부터 다시 시작하겠다' 하는 결단입니다. 그것이 바로 VITAL의 작동입니다.

이 책은 그 불씨에 숨을 불어넣기 위해 만들어졌습니다.

당신이 흔들릴 때마다 다시 펼쳐보고 싶은 책, 그때마다 '나를 다시 작동시킬 수 있도록 돕는 동반자가 되길 바랍니다.

"VITAL은 끝이 아니라, 다시 시작이다."

당신의 삶이 지금 어디에 있든 그 지점에서 시작해도 충분합니다. 우리는 다만 당신이 자신의 삶을 자기답게 살아내는 사람이 되기를, 그리고 그 여정 끝에 "나는 끝까지 나로 살았노라"라고 말할 수 있기를 진심으로 응원합니다.

이제, 끝까지 살아남고, 끝내 성장하는 당신의 여정을 시작하십시오.

저자 일동

| 구자봉 | 유상희 | 이현주 | 한귀성 | 한정진 |